무문관

무문관

온몸으로 투과하기

무문혜개 지음 | 박영재 엮음

無門関

들어가는 글

우리가 지하철을 이용해 약속 장소에 가기 위해 처음 가보는 역에 내렸을 때, 헤매지 않고 약속 장소까지 정확히 가기 위해서는 현 위치를 지도에서 확인하고 약속 장소와 제일 가까운 출구를 통해 나가듯이, 혜개 선사는 〈무문관無門關〉의 도처에서 수행자의 현 위치를 일깨워 주고 있으며, 그는 〈무문관〉의 저술 속에서 '무無'자字 공안을 완성했을 뿐만 아니라, 대혜 선사가 제자들의 간화선看話禪 수행 지도를 위해 요긴하게 활용했던 공안들인 '간시궐', '마삼근', '동산수상행', '정전백수자', '주인공', '수산죽비' 등의 공안들을 모두 수용하여 대혜 선사의 가르침의 요체를 그대로 계승하고 있습니다. 더 나아가 혜개 선사는 오조법연 계열 선사들의 공안들을 다수 다루면서도 오가칠종五家七宗의 걸출한 조사들의 공안들도 함께 수용함으로서 어떻게 보면 실질적으로 선종禪宗의 통합統合을 이루었다고도 볼 수 있습니다.

따라서 만일 수행자들이 〈무문관〉 48칙 (사실은 각자에게 인연 있는 몇 개의 화두)의 철저한 점검과 더불어 석가세존이나 역대 조사를 위시한 모든 선지식들의 치열했던 구도적인 삶을 조명해 보고, 이 분들의 삶과 비교해 각자 인생의 현 위치를 정확하게 파악하고, 있는 그 자리에서 각자가 세운, 뜻 있는 인생의 목표를 향해 단도직입單刀直入한다면, 남녀노소를 불문하고 언젠가는 대자유大自由를 얻어 불조佛祖뿐만 아니라 귀왕나타까지도 찬탄하는 때가 반드시 도래할 것입니다!

덧붙여 혜개 선사의 자서에 나오는 '대도무문 천차유로'란 선어禪語는 먼저 상식적인 수준에서 보면 21세기 다문화 다종교 사회를 맞이하고 있는 한국인들 모두에게, 내 것이 소중한 만큼 남의 것도 소중하다는 인식을 시켜주기에도 매우 효과적인 표현입니다. 그리고 좀 더 통찰해 보면, 천차만별의 좋은 수행법들 가운데 나름대로 자기와 코드가 맞는 수행법을 따라 자기성찰을 지속하다 보면 깊은 통찰 체험을 통해 '무문관'을 머리만이 아닌 온몸으로 투과하게 되고, 이 통찰 체험을 바탕으로 비로소 함께 더불어 통찰과 나눔이 둘이 아닌, '통보불이洞布不二'의 값진 삶을 살게 될 것입니다.

끝으로 선禪에 관심 있는 현대인들이 '휴대폰'처럼 늘 손쉽게 휴대하며 선서禪書들을 대할 수 있도록 작은 크기의 '휴

대책'으로 만들어 보았습니다.

깨진 거울은 다시 비출 수 없고,
떨어진 꽃은 다시 가지에 붙일 수 없는데,
토끼의 뿔을 구하려는 자는 누구이고,
無門關을 두드리는 자는 누구인가?

破鏡不重照
落花難上枝
求兔角者誰
鼓無門者誰

단기 4344년(불기 2555년, 서기 2011년) 11월 11일
무난헌無難軒에서 거사居士 통보법경洞布法境 합장

차례

들어가는 글 _ 5
습암의 서문[習菴序文] _ 12
혜개의 표문[慧開表文] _ 14
혜개의 자서[慧開自序] _ 16

불조기연 사십팔칙[佛祖機緣四十八則]

제1칙 조주와 개[趙州狗子] _ 23
제2칙 백장과 들여우[百丈野狐] _ 28
제3칙 구지, 손가락을 세우다[俱胝竪指] _ 33
제4칙 달마는 수염이 없네[胡子無鬚] _ 36
제5칙 향엄의 상수 이야기[香嚴上樹] _ 38
제6칙 세존, 꽃을 들다[世尊拈花] _ 40
제7칙 조주의 발우 씻기[趙州洗鉢] _ 43
제8칙 해중의 수레 만들기[奚仲造車] _ 45
제9칙 대통지승 부처님[大通智勝] _ 47
제10칙 청세의 외롭고 가난함[淸稅孤貧] _ 50
제11칙 조주, 암주를 감정하다[州勘庵主] _ 53

제12칙   서암, 주인공을 부르다[巖喚主人] _56

제13칙   덕산, 식당으로 가다[德山托鉢] _59

제14칙   남전, 고양이를 베다[南泉斬猫] _62

제15칙   동산, 육십대를 면제받다[洞山六頓] _65

제16칙   종소리에 칠조가사를 입다[鐘聲七條] _69

제17칙   국사, 세 번 부르다[國師三喚] _72

제18칙   동산, 마삼근이라 외치다[洞山三斤] _75

제19칙   평상심이 바로 도라네[平常是道] _77

제20칙   (형편없는) 대역량인[大力量人] _80

제21칙   운문, 마른 똥막대기라 외치다[雲門屎橛] _82

제22칙   가섭, 찰간을 내리라고 외치다[迦葉刹竿] _84

제23칙   선악을 분별하지 말라[不思善惡] _87

제24칙   말과 침묵 모두 던져버려라[離却語言] _91

제25칙   세 번째 앉은 이가 설법하다[三座說法] _94

제26칙   두 승려가 발을 올리다[二僧捲簾] _96

제27칙   마음도 부처도 아니네[不是心佛] _99

제28칙   오래도록 용담을 흠모하다[久嚮龍潭] _101

제29칙   바람도 깃발도 아니네[非風非幡] _106

제30칙   마음이 바로 부처니라[卽心卽佛] _109

제31칙   조주, 노파를 감정하다[趙州勘婆] _111

제32칙 외도가 세존께 묻다[外道問佛] _114

제33칙 마음도 부처도 아니니라[非心非佛] _117

제34칙 지혜는 도가 아니니라[智不是道] _119

제35칙 천녀가 두 혼백으로 나뉘다[倩女離魂] _121

제36칙 길에서 달도인을 만나다[路逢達道] _125

제37칙 조주, 뜰 앞의 잣나무니라고 외치다[庭前柏樹] _128

제38칙 소가 창살 사이로 지나가다[牛過窓櫺] _130

제39칙 운문, 말실수했느니라[雲門話墮] _133

제40칙 물병을 발로 차버리다[趯倒淨瓶] _136

제41칙 달마, 혜가를 안심시키다[達磨安心] _139

제42칙 여인이 선정에서 나오다[女子出定] _142

제43칙 수산, 죽비로 다그치다[首山竹篦] _145

제44칙 파초, 주장자로 다그치다[芭蕉拄杖] _148

제45칙 그분은 누구신가?[他是阿誰] _150

제46칙 장대 끝에서 앞으로 나아가다[竿頭進步] _153

제47칙 도솔, 삼관을 설치하다[兜率三關] _156

제48칙 건봉, 열반 가는 길을 보이다[乾峰一路] _159

혜개의 발문[慧開後序] _162
혜개의 선잠[慧開禪箴] _165

무량종수, 황룡삼관에 게를 붙이다[黃龍三關偈] _ 168

맹공의 발문[孟珙跋文] _ 174

안만의 발문[安晚跋文] _ 176

제사십구칙어[第四十九則語] _ 178

출판기록[出版記錄] _ 181

나가는 글 _ 182

【부록】 선어록을 중심으로 살펴본 법계도

습암의 서문[習菴序文]

說道無門, 盡大地人得入; 說道有門, 無阿師分第一.
强添幾箇注脚, 大似笠上頂笠; 硬要習翁贊揚,
又是乾竹絞汁, 著得這些哮本.
不消習翁一擲, 一擲! 莫敎一滴落江湖, 千里烏騅追不得.

紹定改元 七月晦, 習菴陳塤 寫.

 만일 '무문無門'이라 설說한다면 모든 세상 사람들이 드나들 것이며 만일 '유문有門'이라 설한다면 우리의 스승은 '무문관無門關'이라는 제목을 택해 맨 앞에 두지도 않았을 것이다.
 (그런데 스승은) 이것에 억지로 주석註釋과 평창評唱을 덧붙였다. 이것은 마치 삿갓 위에 삿갓을 쓴 격이 됐다. (그리고) 나, 습옹習翁은 이 책을 찬양하는 글을, 막무가내로 써달라는 요청을 받았는데, 이 또한 마른 대나무에서 즙을 짜서 이 유치한 책에 덧칠하려는 것과 같다.
 (그러니 부디) 나, 습옹이 내던져버렸다는 소식을 기다리

지 말고 (이 〈무문관〉을) 내던져버려라! (절대로 사람들을 속이는 이 〈무문관〉 가운데) 글귀 하나라도 세상에 유포流布해서는 안된다. (왜냐하면) 천리를 달리는 명마名馬 오추烏騅라 하더라도 이를 쫓아가 다시 거두어드릴 수 없기 때문이다.

1228년[紹定改元] 7월 그믐날 습암진훈習菴陣塤 쓰다.

군더더기: 진훈陣塤(1197-1241)에 대해서는 송사宋史 제423권에 기록되어 있습니다. 그는 추밀원편수관樞密院編修官, 국자사업國子司業 및 지방地方의 지사知事 등을 역임했으며, 강직康直하고 정의로운 직정경행直情徑行의 군자君子였다고 합니다. 아울러 이 서문을 통해 쉽게 유추해 볼 수 있듯이, 습암習菴 거사居士는 매우 선지禪旨에 밝은 선장禪匠이였음에 틀림이 없습니다. 아니 남송 시대를 살았던, 적지 않은 사대부들[오늘날의 전문직 종사자들]의 수준이 이 정도였다고 여겨집니다.

혜개의 표문[慧開表文]

紹定二年正月初五日, 恭遇天基聖節, 臣僧慧開, 預於元年十二月初五日, 印行拈提佛祖機緣四十八則, 祝延今上皇帝聖躬. 萬歲 萬歲 萬萬歲.
皇帝陛下, 恭願聖明齊日月, 叡算等乾坤. 八方歌有道之君, 四海樂無爲之化.

慈懿皇后功德 報因佑慈禪寺 前住持 傳法 臣僧 慧開 謹言.

1229년[紹定二年] 1월 5일에 경건하게 맞이하게 될 천기天基성절聖節을 기리기 위해, 신승臣僧 혜개慧開는 1228년 12월 5일, 불조기연佛祖機緣 48칙을 골라 뽑아 이를 책으로 엮어, 금상今上 황제皇帝 폐하陛下의 성체聖體가 만세! 만세! 만만세! 영원히 지속되기를 염원念願 드립니다.

황제 폐하陛下! (또한 폐하의) 지덕총명함은 해와 달과 같이 밝고 그 성수聖壽는 하늘과 땅과 같이 무궁하여, 팔방八方에 폐하의 덕이 두루 퍼져 유도有道의 덕德을 노래하지 않는 사람이 없고, 천하天下가 모두 그 덕화德化를 입어 어진 정치政治를 누리지 않는 사람이 없기를 간절히 염원 드립니다.

　자의황후慈懿皇后의 공덕을 기리기 위해 세운 보인우자선사報因佑慈禪寺의 전주지前住持 전법제자傳法弟子 신승臣僧 혜개慧開 삼가 글을 올립니다.

군더더기: 송대宋代는 관치불교官治佛敎 시대라 출가승도 백성[臣下]이기 때문에 '신승臣僧'이라는 호칭을 자연스레 쓰고 있으나, 그러면서도 '황제의 할 일은 백성들을 편안케 하는 일'이라는 것을 이 표문을 통해 잘 드러내고 있습니다. 무문 혜개 선사는 남송 시대 가운데 매우 무능했던 이종 황제 시대를 살면서, 부디 황제께서 정신 차려 백성을 돌볼 것을 간절히 염원하며 〈무문관〉을 간행한 것으로 여겨집니다.

참고로 혜개 선사는 스승인 월림사관月林師觀 선사 입적 다음해인 1218년 보인우자선사에 주지로 부임하였습니다.

혜개의 자서[慧開自序]

禪宗無門關.
佛語心爲宗, 無門爲法門. 旣是無門, 且作麽生透?
豈不見道: 從門入者, 不是家珍; 從緣得者, 始終成壞. 恁麽說話, 大似無風起浪, 好肉剜瘡. 何況滯言句, 覓解會! 掉棒打月, 隔靴爬痒, 有甚交涉?
慧開, 紹定戊子夏, 首衆于東嘉龍翔.
因衲子請益, 遂將古人公案, 作敲門瓦子, 隨機引導學者. 竟爾抄錄, 不覺成集. 初不以前後敍列, 共成四十八則, 通曰無門關.
若是箇漢, 不顧危亡, 單刀直入, 八臂那吒攔他不住! 縱使西天四七, 東土二三, 只得望風乞命!
設或躊躇, 也似隔窓看馬騎, 眨得眼來, 早已蹉過.

頌曰: 大道無門, 千差有路, 透得此關, 乾坤獨步.

선종禪宗의 '무문관無門關!'(이란 무엇인가?)
(선가禪家에서는) 불심佛心으로 근본을 삼고 무문無門으로 법

문法門을 삼는다. 그런데 이미 문이 없는데 '무문無門'을 어떻게 투과할 수 있겠는가?

여러분은 '문을 통해 들어온 것은 가보家寶가 될 수 없으며 인연 따라 얻어진 것은 언제 변화되고 소멸될지 알 수 없다.'라는 말도 듣지 못했는가!

(그러니) 〈무문관〉에 들어있는 이들 48개의 일화逸話들은 바람 없는 바다에서 파도를 일으키고 건강한 피부를 일부러 상처를 내서 흉터를 만드는 것과 같으며, 더 나아가 이들 일화 가운데 있는 문자나 언구言句에 집착해 해석하려고 하는 등의 행위는 더욱 어리석은 일이다. 이것은 마치 작대기를 가지고 달을 쳐서 따려는 것이나 발이 가려운데 신발 위를 긁는 것과 같은 것이니 선의 참뜻과 무슨 관계가 있겠는가!

1228년 여름, 나, 혜개慧開는 동가東嘉에 있는 용상사龍翔寺에서 운수雲水들의 제일 윗자리에 앉았다.

(그러던) 어느 날 수행자들이 (간절히) 가르침을 청하기에, 마침내 그 청을 받아들여 옛어른[古人]들의 공안公案을 무문관을 두드려 열리게 하는 기왓장으로 삼아 운수들의 역량力量과 성품性品에 따라 지도하였다. (그러면서 틈틈이) 이들 공안들과 평창評唱을 적어 놓아둔 것이 어느 새 상당히 모아져 48칙이나 되었는데, 처음부터 순서대로 가르치며 나열했던 것

은 아니며 이를 통칭하여 〈무문관〉이라 부르기로 하겠다.

만일 용기 있는 자라면 위험을 돌보지 않고 똑바로 (〈무문관〉을 향해) 돌진해 갈 것이며, 이러할 때 팔이 여덟 개나 달린 귀왕나타鬼王那吒라 할지라도 그가 가려고 하는 길을 (결코) 막을 수 없다. 심지어 인도의 스물여덟 분 조사祖師들이나 중국의 여섯 분 조사들도 이와 같은 용맹스런 수행자 앞에서는 다만 외경畏敬스런 마음으로 그저 목숨만 살려달라고 빌 것이다!

그러나 만일 이와 같은 용맹스런 수행을 주저한다면 창밖을 질주疾走해가는 말을 집안에서 쳐다보는 것과 같아서 눈깜짝할 사이에 스쳐 지나가 (멍청하게 지나간 줄도 모르고 소중한 인생을) 그르치고 말 것이다.

　게송偈頌으로 가로되,
　대도大道는 무문無門으로
　그곳에는 셀 수 없이 많은 길이 있나니
　(만일) 이 관문을 투과한다면
　우주 속에서 값진 소중한 삶을 살리라!

군더더기: 요즈음 인간의 수명이 대개 80세 정도로 늘어나 오래 살게 되었다고는 하나, 이론물리학에서 예측하고 있는 우주의 나이인 150억 년에 비하면 하루살이의 수명이나 별 차이가 없을 정도로 짧은 삶입니다. 혜개 선사는 이를 꿰뚫어 보고 수행자들이 정신을 못 차리고 허송세월 한다면 이 짧은 삶이 눈 깜짝할 사이에 다 지나가고 만다는 가르침을 자서自序에서 단적端的으로 밝힌 것입니다. 한편 만공滿空 선사께서는 수행자들에게 '째깍째깍 하는 시계 소리는 바로 네놈들 잡으러 오는 염라사자의 발자국 소리니라!' 하시며 수행을 독려하셨습니다.

참고로 〈명심보감〉의 권학편勸學篇 가운데에도 도연명의 다음과 같은 유사한 싯귀가 있습니다. '제 때에 마땅히 힘쓰고 노력하라. 세월은 사람을 기다리지 않느니라.[及時當勉勵 歲月不待人]'

사실 각자 지금까지의 인생을 잘 돌이켜 보면 나름대로 다 깊은 뜻이 있으며, 중요한 것은 남녀노소에 상관없이 각자 지금까지의 체험을 바탕으로 앞으로 남은 인생을 값지게 살아가면 되는 것입니다. 자! 여러분 그러면 어떻게 남은 인생을 순간순간 값지고 보람되게 살아갈 것입니까?

무문혜개 선사 초상화

무문혜개無門慧開 선사의 제자 무본각심無本覺心이 일본으로 귀국하면서 가져간 혜개 선사의 진영(현재 京都 妙光寺 소장)을 참고해 완목翫墨 대자가 그림.

參學比丘 彌衍宗紹 編

〈무문혜개선사어록無門慧開禪師語錄〉에 보면 어록을 편집한 시자侍者 보경普敬, 보통普通, 요심了心, 보례普禮, 법자法孜, 보암普巖, 보각普覺, 광조光祖, 일견一見 등이 거명되고 있으나 〈무문관〉을 편집한 미연종소彌衍宗紹에 대한 기록은 다른 어느 곳에서도 볼 수 없습니다. 다만 '참학參學'이라고 했으니 무문혜개 선사께서 〈무문관〉을 제창하고 저술할 무렵 그 회상에서 지도받았던 제자라 여겨집니다.

제1칙 조주와 개[趙州狗子]

【본칙本則】

趙州和尙因僧問: "狗子還有佛性也無?"

州云: "無!"

어느 때 한 승려가 조주종심趙州從諗(778-897) 선사께 물었다. "개에게도 불성佛性이 있습니까?" 조주 스님 가로되, "무無!"

【제창提唱】

無門曰: 參禪須透祖師關, 妙悟要窮心路絶 祖關不透, 心路不絶, 盡是依草附木精靈!

且道: 如何是祖師關 只者一箇 '無' 字, 乃宗門一關也, 遂目之曰: 禪宗無門關.

透得過者, 非但親見趙州, 便可與歷代祖師, 把手共行, 眉毛廝結, 同一眼見, 同一耳聞, 豈不慶快?

莫有要透關底麼? 將三百六十骨節, 八萬四千毫竅, 通身起箇疑團, 參箇無字, 晝夜提撕, 莫作虛無會, 莫作有無會.

如吞了箇熱鐵丸相似, 吐又吐不出, 蕩盡從前惡知惡覺, 久久純熟, 自然內外打成一片, 如啞子得夢, 只許自知.
驀然打發, 驚天動地; 如奪得關將軍大刀入手, 逢佛殺佛, 逢祖殺祖, 於生死岸頭, 得大自在, 向六道四生中遊戲三昧.
且作麼生提撕? 盡平生氣力, 舉箇'無'字, 若不間斷, 好似法燭一點便著.

頌曰: 狗子佛性, 全提正令, 纔涉有無, 喪身失命.

무문 선사 가로되, "참선은 반드시 조사들의 관문을 투과하지 않으면 안 되며 오묘奧妙한 깨달음에 도달하기 위해서는 분별심을 끊어버려야만 한다. (따라서) 조사관을 투과하지 않고 분별심을 끊지 못하는 자들은 초목에 기숙寄宿하는 정체를 알 수 없는 혼백魂魄들이 될 것이다."

자! 말해 보아라! 조사관이란 어떤 것이냐? 다만 이 일개一箇의 '무無'라는 자字, 이것이 종문宗門의 유일唯一한 관문인 것이다. 그러한 연유緣由로 이것을 이름하여 선종의 '무문관無門關'이라 한다.

(그런데) 이 관문을 투과한 자는 비단 조주 선사를 직접 친견할 수 있을 뿐만 아니라, 역대 조사들과 (똑같이 깊은 통찰 체험을 했기 때문에) 손을 맞잡고 함께 걸으며, 똑같이 보고,

똑같이 들을 수 있을 것이니 이 어찌 경쾌하지 않으리요!

(자! 이제) 이 관문을 투과하려 하지 않겠는가! 360개의 뼈마디와 84,000개의 털구멍으로, 즉 온 몸으로 의단疑團을 일으켜 밤낮으로 '무無' 자字를 참구하라. (그렇지만) 이 '무無' 자字를 '허무虛無의 무無'라고 헤아리지 말며 '유무有無의 무無'라고도 헤아리지 말라.

(이것은) 마치 빨갛게 달군 쇠구슬을 삼킨 것과 같아서 토해내려 해도 토해낼 수 없다. (그러노라면) 지금까지 쌓아온 나쁜 지식들을 전부 탕진하여 수행이 무르익게 되면 자연히 모든 차별상은 한 덩어리로 뭉쳐지게 될 것이다. (이는) 마치 꿈을 꾼 벙어리와 같아서 다만 자신만이 알 뿐이다.

(그러다) 갑자기 (뭉쳐졌던 이 의심덩어리가) 대폭발을 일으키면 하늘이 놀라고 땅이 진동할 것이다. (이것은) 마치 관우 장군의 대도大刀를 빼앗아 손에 넣은 것과 같아서 부처를 만나면 부처를 죽이고, 조사를 만나면 조사를 죽이는 것과 같이 (그 누구에게도) 걸림이 없게 되고, 생사의 갈림길에 섰을지라도 자유자재한 묘용妙用을 온몸으로 체득하여, 어디서 어떻게 태어나든지 마음대로 행하며 해탈무애한 참된 삶을 누릴 수 있을 것이다.

자! 그럼 어떻게 하면 이런 경지에 이를 수 있겠는가? 평생 동안 온 힘을 다하여 이 '무無'자字를 참구하라. 끊임없이 정진한다면, (언젠가는 반드시) 마치 등불을 켤 때처럼 법등法燈을 밝히게 될 때 주위의 어둠이 일시에 광명光明으로 빛나리라.

게송으로 가로되,
개의 불성(에 대한 조주의 '무無!')
(세존의) 바른 가르침을 몽땅 드러냈네.
(그러나) 조금이라도 '유무有無'에 걸리면
몸을 상傷하고 목숨을 잃으리라!

군더더기: 혜개 선사의 '조주구자'(또는 '조주무자'라고도 부름) 공안에 대한 이 제창提唱은 〈무문관〉 가운데에서도 가장 핵심 내용으로, 사실 선종의 정수精髓가 이 속에 다 들어 있습니다. 필자의 경우 일상에서 참선할 때마다, 이 제창 부분을 늘 원문原文 그대로 염송念誦하며 새롭게 온몸으로 새기곤 합니다.

한편 대혜종고大慧宗杲 선사가 지은 〈정법안장正法眼藏〉에 보면 "趙州和尙僧問 狗子還有佛性也無 州曰 無!"란 화두에 대해 오조법연五祖法演 선사께서 다음과 같이 송頌을 붙이고 있습니다.

조주의 예리한 칼이
서릿발처럼 번쩍이네.

(헤아려) 무어라 물을 것인가?
(그대의) 몸뚱이가 두 동강 나리!

趙州露刃劍
寒霜光焰焰
擬欲問如何
分身作兩段!

참고로 서산대사의 〈선가귀감禪家龜鑑〉에는 '욕欲' 대신 '의議'로 바뀌어 있습니다.

제2칙 백장과 들여우[百丈野狐]

【본칙本則】

百丈和尙凡參次, 有一老人, 常隨衆聽法, 衆人退, 老人亦退. 忽一日不退, 師遂問: "面前立者, 復是何人?"

老人云: "諾! 某甲非人也. 於過去迦葉佛時, 曾住此山, 因學人問: '大修行底人還落因果也無?' 某甲對云: '不落因果!' 五百生墮野狐身. 今請和尙代一轉語, 貴脫野狐."

遂問: "大修行底人還落因果也無?" 師云: "不昧因果!"

老人於言下大悟, 作禮云: "某甲已脫野狐身, 住在山後, 敢告和尙, 乞依亡僧事例."

師令維那白槌告衆: "食後送亡僧."

大衆言議: "一衆皆安, 涅槃堂又無人病, 何故如是?"

食後, 只見師領衆, 至山後巖下, 以杖挑出一死野狐, 乃依火葬.

師至晚上堂, 擧前因緣. 黃蘗便問: "古人錯祇對一轉語, 墮五百生野狐身; 轉轉不錯, 合作箇甚麽?"

師云: "近前來, 與伊道." 黃蘗遂近前, 與師一掌.

師拍手笑云: "將謂胡鬚赤, 更有赤鬚胡!"

백장회해百丈懷海(720-814) 선사께서 설법할 때마다, 한 노인老人이 있어 늘 대중大衆들과 함께 앉아서 설법說法을 듣다가, 대중이 물러가면 함께 물러가곤 하였다.

(그런데) 어느 날은 물러가지 않고 남아 있자, 스승은 이상히 여겨 "여기 내 앞에 서 있는 사람은 누구냐?"라고 물었다.

노인이 답하기를, "네, 저는 인간人間이 아닙니다. 먼 옛날 가섭불迦葉佛이 계실 때 이 절의 주지住職였습니다. 어느날 한 승려가 '많이 수행한 사람도 인과因果에 떨어집니까?' 하고 묻기에, 제가 '인과에 떨어지지 않느니라.' 라고 잘못 답하여 오백생五百生 동안 들여우가 되었습니다.

원하옵건대 화상께서 부디 저를 위하여 일전어一轉語로 여우의 몸을 벗어나게 해 주십시오."하고는 노인이 백장 선사禪師께 여쭈었다. "많이 수행한 사람도 인과에 떨어집니까?" 그러자 스승께서 가로되, "인과에 어둡지 않느니라."

그 말끝에 여우노인이 크게 깨닫고 절하며 말하기를, "저는 이제 여우의 몸을 벗어나 뒷산에 있으니 스님께 바라건대 부디 '죽은 스님'의 경우와 같이 장례를 치러 주십시오."

(그러자) 백장 선사께서 유나維那로 하여금 대중에게 점심식사후 장례식葬禮式이 있다는 것을 알리게 했다.

대중이 수근거리기를 "일중一衆이 모두 건강하고 열반당涅

涅槃堂에도 병든 스님이 한 분도 없는데 도대체 어찌 된 일일까?"하며 이상하게 생각했다.

식사 후 스승께서는 대중들을 이끌고 뒷산 바위 밑에 이르러 주장자로 죽은 여우를 끄집어내서, 이를 화장火葬했다.

저녁때 스승께서 법석法席에 올라 그 사연을 대중에게 들려주셨다. (그러자) 황벽黃檗이 묻기를, "고인古人이 그릇되게 대답하여 오백생 동안 여우의 몸을 받게 되었다는데 만일 그가 그때 그릇되게 대답하지 않았다면 무엇이 되었겠습니까?"

스승께서 답하기를, "앞으로 가까이 오너라. 그대를 위해 가르쳐 주겠노라." 황벽이 몇 발짝 앞으로 나아가 스승의 뺨을 한 대 후려갈겼다.

스승께서 박수치며 웃어 가로되, "달마의 수염은 붉다더니, 과연 붉은 수염의 달마가 (여기) 있구나!"

【제창提唱】

無門曰: 不落因果, 爲甚墮野狐? 不昧因果, 爲甚脫野狐?
若向者裏著得一隻眼, 便知得前百丈贏得風流五百生.

頌曰: 不落不昧, 兩采一賽; 不昧不落, 千錯萬錯.

무문 선사 가로되, "불락인과不落因果!라고 했을 때 왜 여우가 되었으며, 불매인과不昧因果!라고 하자 어째서 여우 몸을 벗어났을까?"

만약 이를 지혜의 눈으로 꿰뚫어볼 수 있다면 곧 여우노인[前百丈]의 오백생五百生이 도리어 풍류적風流的이었다는 것을 알 수 있을 것이다.

게송으로 가로되,
불락不落이 앞면, 불매不昧가 뒷면이 나오건
모두 동전의 앞뒷면 가운데 한 면일 뿐!
반대로 불매不昧가 앞면, 불락不落이 뒷면으로 나와도
(이는 도박판을 벌린 것이니) 모두 그릇된 짓이니라!

군더더기: 백장 선사는 '백장청규百丈淸規'를 제정했으며, 하루 일하지 않으면 하루 굶는다는 '일일부작一日不作 일일불식一日不食'의 가풍家風을 제창提唱하며 '선농일치禪農一致'의 삶을 치열하게 사셨습니다. 참고로 필자는 매학기 수업 시간에 한 번은 꼭 이 선어禪語를 다음과 같이 언급하곤 합니다. "여기서 '작作'은 대학생들에게 있어서 '공부하는 일'을 뜻하니 하루 계획대로 공부하지 않았다면 저녁 한 끼를 굶어라!"
한편 선가禪家에서 일전어는 중생을 부처로 탈바꿈시켜주는 한마디의 말을 뜻하

는데 〈명심보감明心寶鑑〉의 성심편省心篇을 보면 일반인들에게도 도움이 되는 다음과 같은 유사한 구절이 있습니다.

'사람으로부터 (가슴을 울리는) 한마디의 말을 듣는 것이 천금보다 낫네.[得人一語勝千金]'

제3칙 구지, 손가락을 세우다[俱胝竪指]

【본칙本則】

俱胝和尙, 凡有詰問, 唯擧一指.

後有童子, 因外人問: "和尙說何法要?" 童子亦竪指頭.

胝聞, 遂以刃斷其指, 童子負痛號哭而去. 胝復召之, 童子廻首, 胝却竪起指, 童子忽然領悟.

胝將順世, 謂衆曰: "吾得天龍一指頭禪, 一生受用不盡!" 言訖示滅.

금화구지金華俱胝 화상은 누가 무엇을 묻더라도 다만 손가락 하나를 세웠다.

뒤에 한 방문객이 (구지 화상 출타 중에) 시봉侍奉하는 동자童子에게 "당신의 스승은 어떤 법요法要를 가르치고 있습니까?" 하고 물으니, 동자 역시 손가락 하나를 세웠다.

뒤에 이 말을 들은 구지 화상께서 (다시 흉내를 내려는 순간) 마침내 칼로 동자의 그 손가락을 잘라버렸다. (그러자) 동자, 너무 고통스러워 울면서 도망가는 데 구지 화상께서 다시 그를 불렀다. 동자가 머리를 돌리자마자 구지 선사, (즉시) 손가락 하나를 세우자, 이때 동자가 홀연히 깨달았다.

그후 구지 선사께서 장차 세상을 떠나려 할 때 대중들에게 일러 가로되, "나는 천룡天龍 선사의 '일지두선一指頭禪'을 체득해 한 평생을 써 왔으나 다 쓰지 못하고 가노라."하며 이 말을 마치고 시적示寂하셨다.

【제창提唱】
無門曰: 俱胝幷童子悟處不在指頭上. 若向者裏見得, 天龍同俱胝幷童子與自己, 一串穿却.

頌曰: 俱胝鈍置老天龍, 利刃單提勘小童.
　　　巨靈擡手無多子, 分破華山千萬重.

무문 선사 가로되, 구지와 동자의 깨달음, 모두 손가락 세우는 데에 있는 것이 아니다. 이것을 (바로) 꿰뚫을 수 있다면 천룡과 구지와 동자 및 여러분 자신을 모두 한 꼬치로 꿸 수 있으리라! (즉, 모두 같은 경지에 도달할 수 있으리라!)

게송으로 가로되,
구지는 늙은 천룡을 바보로 만들었으며

예리한 칼로 (즉시) 동자를 감정했네.
(마치) 거령신巨靈神이 조금도 힘들이지 않고 손을 들어
천만千萬겹의 화산華山을 두 동강이를 낸 것처럼!

군더더기: 선도회 초대 지도법사이셨던 종달 노사께서는 입문과정을 마친 제자들에게 늘 '무無'자字는 나의 스승이라는 뜻의 '無字是我師'를 붓으로 써주셨는데, 80세에 쓰신 그의 회고록 〈인생의 계단〉에서 역시 '일지두선' 대신 한 평생 제창하셨던 '조주무자'를 들어 노사님의 핵심 경계를 다음과 같이 드러내셨습니다.

가까스로 조주무자를 얻어
일생 동안 쓰고도 다 못쓰고 가노래!

纔得趙州無字
一生受用不盡

제4칙 달마는 수염이 없네[胡子無鬚]

【본칙本則】
或庵曰: "西天胡子, 因甚無鬚?"

혹암사체或庵師體(1108-1179) 선사 가로되, "인도의 달마 스님은 왜 수염이 없는고!"

【제창提唱】
無門曰: 參修實參, 悟須實悟. 者箇胡子, 直須親見一回始得. 說親見, 早成兩箇.

頌曰: 癡人面前, 不可說夢. 胡子無鬚, 惺惺添懵.

무문 선사 가로되, 선 수행은 모름지기 실천적인 참된 수행이 아니면 안되며 깨달음은 반드시 참된 깨달음이 아니면 안 된다. (따라서) 이 달마를 직접 반드시 한 번은 친히 만나보지 않으면 안 된다. (그러나 만일) '친견親見'이라 말한다면 이미 둘이 되어 버리고 만다.

게송으로 가로되,

바보 천치 앞에서는

(부디) 꿈 이야기 하지 마라.

달마에게는 수염이 없다(라는 말로 인해)

(본래) 확실했는데 (모두) 헷갈려 버렸네.

군더더기: 태주台州 황암黃巖 사람으로 타고난 성품이 거칠고 소탈하여 무슨 일이든지 닥치는 대로 도맡아 했다고 합니다. 혜개 선사가 태어난 것은 그가 입적한 다음 4년 후이므로 이 두 선사는 거의 동시대에 활약했습니다. 참고로 혹암 선사는 〈벽암록碧巖錄〉의 저자로 유명한 원오극근圜悟克勤(1063-1135) 선사의 제자였던 호국경원護國景元 선사의 법사法嗣로 호국사護國寺에서 경원景元 선사 문하에서 공부를 하였는데, 어느 날 나한전에서 수행하다가 갑자기 창고 아래쪽에서 얻어맞는 행자의 비명소리를 듣고 훤히 깨쳤다고 합니다.

제5칙 향엄의 상수 이야기[香嚴上樹]

【본칙本則】

香嚴和尙云: "如人上樹, 口啣樹枝, 手不攀枝, 脚不踏樹. 樹下有人問西來意, 不對, 卽違他所問; 若對, 又喪身失命. 正恁麼時, 作麼生對?"

향엄지한香嚴智閑(?-898) 화상 가로되, "사람이 나무위에 올라가서 입으로만 가지를 물고, 손으로는 가지를 붙잡지 않고, 다리로도 가지를 밟고 있지 않다. (이때) 나무 밑으로 한 사람이 다가와서 그에게 조사祖師가 서쪽에서 온 까닭을 물었을 때, 대답하지 않으면 묻는 이에게 무례를 범하는 것이 되며, 만일 (입을 뻥끗해) 대답을 한다면 목숨을 잃어버리고 말 것인데, 이와 같은 때에 어떻게 응대하면 좋겠는가?"

【제창提唱】

無門曰: 縱有懸河之辨, 總用不著; 說得一大藏敎, 亦用不著. 若向者裏對得著, 活却從前死路頭, 死却從前活路頭. 其或未然, 直待當來問彌勒.

頌曰: 香嚴眞杜撰, 惡毒無盡限, 啞却衲僧口, 通身是鬼眼.

  무문 선사 가로되, 청산유수 같은 말솜씨가 있다하더라도 아무런 소용이 없으며, 모든 대장경을 다 이해했다 하더라도 역시 부질없는 짓이다. 만약 이 속을 향해서 참된 견해를 얻을 수 있다면 죽은 사람을 살리고 산 사람도 죽일 수 있을 (정도로 자유자재할) 것이다. 그러나 만약 바른 견해를 아직 얻지 못했다면 미륵보살이 나타나길 기다려 그에게 물어 보아라.

  게송으로 가로되,
  향엄은 새빨간 거짓말을 하고 있으며,
  그 악독惡毒함은 끝이 없네.
  수행승의 말문을 막아버리니
  (수행승의) 온몸이 (흐리멍덩한) 귀신 눈과 같구나.

군더더기: 〈무문관〉 유포본에는 '통신병귀안通身迸鬼眼'으로 되어 있으나 1175년 송宋의 법응法應이 편찬하고 원元의 보회普會가 증보해 편찬한 〈선종송고련주통집禪宗頌古聯珠通集〉에 보면 '통신시귀안通身是鬼眼'으로 되어 있고 그 경계가 분명해 바꾸어 넣었습니다.

제6칙 세존, 꽃을 들다[世尊拈花]

【본칙本則】
世尊昔在, 靈山會上, 拈花示衆, 是時衆皆默然, 惟迦葉尊者, 破顔微笑.
世尊云: "吾有正法眼藏, 涅槃妙心, 實相無相, 微妙法門, 不立文字, 教外別傳, 付囑摩訶迦葉."

옛날에, 석가세존釋迦世尊(B.C. 623-544)께서 영산회상에서 설법하셨을 때, 청중들 앞에서 꽃을 들어 올려 보였다. 이때 대중이 모두 그 뜻을 몰라 묵묵히 있었는데 오직 가섭 존자만이 미소를 지었다.

세존께서 말씀하시길, "나에게 정법안장, 열반묘심, 실상무상, 미묘법문, 불립문자, 교외별전이 있으니 이를 마하가섭에게 부촉하노라."

【제창提唱】
無門曰: 黃面瞿曇, 傍若無人, 壓良爲賤, 懸羊頭賣狗肉, 將謂多少奇特.

只如當時大衆都笑, 正法眼藏作麽生傳? 設使迦葉不笑, 正法眼藏又作麽生傳?

若道正法眼藏有傳授, 黃面老子誑諕閭閻; 若道無傳授, 爲甚麽獨許迦葉?

頌曰: 拈起花來, 尾巴已露, 迦葉破顏, 人天罔措.

무문 선사 가로되, 누런 얼굴을 한 석가[구담瞿曇, 고타마의 중국식 표기]는 사실은 횡폭하다. 그는 선량한 사람을 나쁜 놈으로 간주하기도 하고, 간판에 양머리라고 써 놓고 개고기를 팔기도 하고, 정말로 못 되어 먹었다. 어딘가 귀가 솔깃한 구석이 있는가 하고 기대하였었는데 (알고 보니 형편없는 사기꾼이었네).

그런데 만일 그때 대중이 모두 웃었었다면 정법을 어떻게 전수하였을 것인가? 설사 가섭이 웃지 않았었다면 또한 정법을 어떻게 전수하였을 것인가?

만약 정법이 전수될 수 있는 것이라고 말한다면 누런 얼굴의 늙은 석가는 순박한 촌사람들을 속인 것이 될 것이며, 만약 정법이 전수될 수 없는 것이라고 말한다면 왜 가섭에게만 전수했을까?

게송으로 가로되,
(세존이) 꽃을 들어 올리니
꼬리까지 (정체를) 몽땅 다 드러냈네.
(한편 홀로 알아차린) 가섭의 파안 미소!
그 누구도 따르지 못하리!

군더더기: 〈대반열반경大般涅槃經〉 제2권에 세존께서 가섭에게 정법正法을 전수한다는, '我今所有無上正法悉以付囑摩訶迦葉'이란 구절이 있는데 이것이 후에 〈대범천왕문불결의경大梵天王問佛決疑經〉과 이를 이어 받아 송宋의 회암지소晦庵智昭가 지은 〈인천안목人天眼目〉에서 더욱 세밀하게 기록하고 있는데, 이 일화를 통해 선종禪宗의 정통성을 강조하는 동시에 선지禪旨의 요체를 설명하기 위한 화두로도 활용되며 오늘에 이르렀다고 봅니다.

제7칙 조주의 발우 씻기[趙州洗鉢]

【본칙本則】

趙州因僧問: "某甲乍入叢林, 乞師指示."

州云: "喫粥了也未?"

僧云: "喫粥了也."

州云: "洗鉢盂去!" 其僧有省.

조주 선사께 한 승려가 "제가 선방에 처음 왔습니다. 잘 지도해 주십시오."라고 청했다.

(그러자) 조주 선사께서 "자네 아침죽은 먹었는가?"라고 물으셨다.

이 승려가 "네, 죽을 먹었습니다."라고 대답했다.

(그러자) 조주 선사께서 "(그렇다면) 발우를 씻어라!"라고 하시자 이 승려가 깨쳤다.

【제창提唱】

無門曰: 趙州開口見膽, 露出心肝; 者僧聽事不眞, 喚鐘作甕.

頌曰: 只爲分明極, 翻令所得遲. 早知燈是火, 飯熟已多時.

무문 선사 가로되, 조주 선사 입을 열어 쓸개를 보이시고 심장과 간까지 몽땅 드러내셨네. (그런데도) 이 승려가 이를 듣고도 참 뜻을 헤아리지 못하는 것이 종鍾을 항아리로 착각하는 것과 같구나.

게송으로 가로되,
다만 너무 분명하기에
도리어 깨닫기 어렵네.
등燈이 곧 불[火]임을 재빠르게 알아차렸더라면
밥은 이미 된 지 오래일 텐데.

군더더기: 바른 스승 밑에서 제대로 점검을 받지 않고 무작정 떠돌면서 홀로 참선을 하다 보면, 마치 어둠 속에서 종과 항아리를 보는 것과 같아서 이들을 분명하게 구별하지 못하고 허송세월하다 생을 마치는 일들이 적지 않은 것을 무문 선사께서 통렬하게 지적하고 계십니다.

제8칙 해중의 수레 만들기[奚仲造車]

【본칙本則】

月庵和尙問僧: "奚仲造車一百輻, 拈却兩頭去却軸, 明甚麼邊事?"

월암선과月庵善果(1075-1152) 스님이 한 승려에게 가로되, "해중이 수레 일백 폭을 만들었는데 두 바퀴를 떼어내고 축까지 빼버리니 무엇을 밝히려 하는 것인가?"

【제창提唱】

無門曰: 若也直下明得, 眼似流星, 機如掣電.

頌曰: 機輪轉處, 達者猶迷. 四維上下, 南北東西.

무문 선사 가로되, 만약 바로 마음이 밝아진다면, 눈은 유성처럼 빠르고, 마음은 번개불이 번쩍거리는 것처럼 기민하리라.

게송으로 가로되,
바퀴가 구르는 곳!
부처도 결코 엿볼 수 없네.
사유상하
동서남북!
(그곳이 바로 종횡무진 하는 시방세계라네!)

군더더기: 참고로 〈오등회원五燈會元〉 제20권에 이 화두의 원형으로 보이는, 개복도령開福道寧 선사의 법사法嗣(전법제자)인 월암선과 선사의 상당上堂 법문을 다음과 같이 언급하고 있습니다.

'奚仲造車一百輻 拈却兩頭除却軸 以打杖拄一圓相曰 且莫錯認定盤星 卓一卓下座.'

제9칙 대통지승 부처님[大通智勝]

【본칙本則】

興陽讓和尚因僧問: "大通智勝佛, 十劫坐道場, 佛法不現前, 不得成佛道時如何?"

讓曰: "其問甚諦當."

僧云: "旣是坐道場, 爲甚麼不得成佛道?"

讓曰: "爲伊不成佛!"

 흥양청양興陽淸讓(814-?) 화상께 어느 때 한 승려가 "대통지승불이 십겁이나 도량에서 공부를 했으나 불법을 이루지 못했다고 하는데, 불도佛道를 이루지 못한 때는 어떠합니까?" 하고 묻자, 청양 화상께서 "그 물음이 꽤 그럴싸하구나." 하고 대답했다. (다시) 그 승려가 "이미 여기가 좌선도량이거늘 무엇 때문에 불도를 이루지 못했을까요?" 하고 되물었다. 그러자 청양 화상께서 "그가 깨닫지 못했기 때문이니라!"라고 답하셨다.

【제창提唱】

無門曰: 只許老胡知, 不許老胡會. 凡夫若知, 卽是聖人; 聖人若會, 卽是凡夫.

頌曰: 了身何似了心休? 了得心兮身不愁.
　　　若也身心俱了了, 神仙何必更封侯?

무문 선사 가로되, 다만 늙은 오랑캐[달마 대사]의 깨달음은 허락하나, 분별하여 알았다고 함은 허락하지 않노라. 범부가 깨달으면 곧 성인聖人이 되나 성인이 분별하여 알았다고 하면 곧 범부로 떨어지느니라.

게송으로 가로되,
몸을 튼튼히 하는 것이 어찌 마음공부를 마침과 견줄 수 있으랴!
마음공부를 마쳤다면 몸은 걱정할 필요가 없네.
만약 몸과 마음공부를 모두 마쳤다면
이미 부처[神仙]인데 다시 부처[諸侯]가 될 필요가 있으랴!

군더더기: 이 화두를 잘 살펴보면 〈법화경法華經〉의 '화성유품化城喩品'에 나오는 이야기의 주인공인 대통지승불(가장 큰 깨달음에 도달한 부처님)을 등장시키고 있으며 십겁이라는 긴 시간, 아니 사람의 머리로는 헤아릴 수 없는 무한히 긴 시간과 좌선도량이라는 공간을 설정해 놓고 있습니다. 그리하여 좌선도량에서 무한히 긴 시간을 수행해도 깨치지 못 한다는 것을 나타내고 있으나 이 전제는 머리로 무한한 시간을 운운해 봐야 헛수고라는 것을 나타내고 있는 것입니다.

그리고 이 문제를 나중에는 성불成佛이니 불성불不成佛이니 하는 이원론적二元論的인 관념에 깊숙이 빠져있어, '대통지승불'이나 무한히 긴 시간 및 좌선도량이라는 공간 등을 머리로 헤아려 묻고 있는 승려에게 그 화살을 돌리고 있습니다. 즉 기존의 상식적인 틀에 얽매여 있는 이 승려의 성불에 대한 관념을 송두리째 빼앗아간 명문답明問答이며 한 걸음 더 나아가 대통지승불이 아닌, 물음을 물은 승려 자신에게 문제가 있다는 것과 그 자신이 시공時空의 주체임을 일깨워 주려는 것입니다. 다시 말하면 스스로 깨달았다면 대통지승불이니 십겁이니 좌선도량이니 하는 분별심分別心은 더 이상 일어나지 않기 때문입니다.

제10칙 청세의 외롭고 가난함[淸稅孤貧]

【본칙本則】

曹山和尙因僧問云: "淸稅孤貧, 乞師賑濟."

山云: "稅闍梨!"

稅應諾.

山曰: "靑原白家酒三盞喫了, 猶道未沾脣!"

조산본적曹山本寂(840-901) 선사에게 한 승려가 와서 말하였다.

"저, 청세는 외롭고 가난합니다. 스님께서 좀 가르침을 베풀어 주십시오."

조산 선사가 그 승려를 불렀다. "세사리야!"

그 승려가 대답하였다. "네."

조산 선사 가로되, "(그 유명한) 청원의 백가주를 석 잔이나 들이키고도 아직 입술도 젖지 않았다고 하느냐?"

【제창提唱】

無門曰: 淸稅輸機, 是何心行? 曹山具眼, 深辨來機.

然雖如是, 且道: 那裏是稅閣梨喫酒處?

頌曰: 貧似范丹, 氣如項羽,
　　　活計雖無, 敢與鬪富.

무문 선사 가로되, 청세는 어쩌자고 조산 선사께 시비를 걸었을까? 조산 선사의 안목이 걸어오는 수작을 벌써 간파했다네. 그렇더라도 어디 말해 보아라. 대체 어디가 청세가 청원의 백가주를 석 잔이나 들이킨 자리인가?

게송으로 가로되,
가난하기는 범단(후한後漢의 청빈한 선비)과 같고
기개는 항우와 같네.
가진 것도 없으면서
감히 (조산 선사와) 부를 다투는구나!

군더더기: 이 공안의 핵심은 진리에 대한 빈부貧富의 이원적 분별에서 자유로워지는 것입니다. 이에 대해 바른 견해가 섰다면 만일 여러분이 그 자리에 있었을 때, 제1관문은 청세 대신 맨 처음 조산 화상을 대면했을 때 어떻게 응대했었어야

했는지 이고, 제2관문은 조산 화상께서 "청원의 백가주를 석 잔이나 들이키고도 아직 입술도 젖지 않았다고 하느냐?" 했을 때 어떻게 응대했었어야 했는지 입니다.

제11칙 조주, 암주를 감정하다 [州勘庵主]

【본칙本則】

趙州到一庵主處, 問:"有麼? 有麼?"主竪起拳頭.
州云:"水淺不是泊舡處!"便行.
又到一庵主處, 云:"有麼? 有麼?"主亦竪起拳頭.
州云:"能縱能奪, 能殺能活!"便作禮.

조주 스님이 한 암주를 찾아가 말하였다. "계십니까? 계십니까?" 그러자, 그 암주가 주먹을 치켜들었다. 조주 스님이 말하였다. "이곳은 물이 얕아서 배를 댈 수 없군!" 그리고는 가 버렸다.

또 다른 암주를 찾아가서 말하였다. "계십니까? 계십니까?" 그 암주 역시 주먹을 치켜들었다. 조주 스님이 말하였다. "능히 주기도 하고 능히 빼앗기도 하며, 살리고 죽이고 자유로이 하는구나!" 그리고는 곧 절을 하였다.

【제창提唱】

無門曰: 一般竪起拳頭, 爲甚麼肯一個不肯一個? 且道: 諸訛在甚處?

若向者裏下得一轉語, 便見趙州舌頭無骨, 扶起放倒, 得大自在.

雖然如是, 爭奈趙州却被二庵主勘破.

若道二庵主有優劣, 未具參學眼; 若道無優劣, 亦未具參學眼.

頌曰: 眼流星, 機掣電,

　　　殺人刀, 活人劍.

　무문 선사 가로되, 주먹을 치켜들기는 모두 같은데 어찌하여 한 암주는 긍정하고 다른 암주는 긍정하지 않는가? 일러 보아라. 문제가 어디에 있는가? 만약 이에 대해 한 마디 바로 이를 수 있는 자라면, 곧 조주 스님의 혀에 뼈가 없음을 통찰하고, (역시 조주 스님 못지않게) 때로는 '붙잡아 일으키기[활인검 쓰기]'도 하고 때로는 '내동댕이쳐 버리기[살인도 쓰기]'를 자유자재하게 행할 것이다. 비록 그렇기는 하나, 조주 선사께서 도리어 두 암주에게 간파 당하였음을 어찌하랴! (그런데) 만약 두 암주 사이에 우열이 있다고 하면 아직 수행자의 안목眼目이 없다 할 것이요, 우열이 없다고 하더라도 역시 수행자의 안목이 없다 할 것이다.

게송으로 가로되,
(우열에 걸림 없는 자의) 통찰력은 유성과 같고
기지機智[지혜작용]는 번갯불과 같아서
살인도殺人刀를 휘둘러 죽일 놈[假我]은 죽이고
활인구活人句로 일깨워 살릴 놈[眞我]은 살리네!

군더더기: 대혜 선사의 어록에 보면 선사께서 "사람을 죽일 수 있는 자는 살인도를 가지고 있고, 사람을 살릴 수 있는 자는 활인검을 가지고 있지![殺人自有殺人刀 活人自有活人劍]"라고 제창하고 있습니다. 사실 수행자에게 있어 활인검은 선지식[스승]의 모방이 아닌 자신만의 독특한, 중생을 부처로 전환시키는 활구活句, '일전어一轉語'라 할 수 있습니다.

제12칙 서암, 주인공을 부르다[巖喚主人]

【본칙本則】

瑞巖彦和尙, 每日自喚主人公, 復自應諾, 乃云: "惺惺著!", "喏!", "他時異日莫受人瞞!", "喏! 喏!"

서암사언瑞巖師彦 화상께서는 매일 스스로 "주인공아!" 하고 부르고 "예!" 하고 응낙하고 이내 "깨어 있는가?" 하고 "예!" 하고 대답하고 "언제 어디에서도 항상 남에게 속지 말아라!" 하고 "예! 예!" 하고 자문자답하셨다.

【제창提唱】

無門曰: 瑞巖老子自買自賣, 弄出許多神頭鬼面. 何故? 聻! 一個喚底! 一個應底! 一個惺惺底! 一個不受人瞞底! 認著依前還不是, 若也傚他, 總是野狐見解.

頌曰: 學道之人不識眞, 只爲從前認識神.
　　　無量劫來生死本, 癡人喚作本來人.

무문 선사 가로되, 서암 늙은이가 마치 가면놀이처럼 자신이 팔고 자신이 사니, 이 무슨 까닭인가? 하나는 부르고 하나는 대답하고, 하나는 깨어 있으라고 하고 하나는 남에게 속지 말라고 하네. 그러나 이런 것을 인정하면 종전처럼 역시 잘못이니라. (다시 한 번 다짐하지만) 만약 서암 화상을 흉내 낸다면 이는 완전히 여우의 견해이니라!

　게송으로 가로되,
　도를 닦는 사람들이 진실을 모르는 것은,
　다만 종전처럼 분별심(이 대활약을 펼치고 있는 이 놈)을 진짜로 잘못 알고 있기 때문이네.
　무량겁 동안 내내 생사윤회의 근본인 이 놈을,
　어리석은 사람들은 본래인이라고 부르고 있구나.

군더더기: 필자는 대학원 1학년 때 송광사 여름수련회에 참석했다가 당시 구산九山 방장 스님으로부터 들은 다음과 같은 싯귀를 온몸에 각인하고 틈 날 때마다 깊이 음미해 오고 있는데, 바로 '주인공'의 자각을 돕는, 우리 모두 두고두고 되새겨야할 노래라고 판단됩니다.

사람마다 나름대로 나란 멋에 살건마는

이 몸은 언젠가는 한 줌 재가 아니리
묻노니 주인공아 어느 것이 참나이런고?

사실 필자는 매학기 필자가 맡은 강좌마다 한 번은 꼭 대학생들에게 이 노래를 들려주며 '각자 자기의 진짜 주인공을 찾아라!'고 권하고 있습니다.

제13칙 덕산, 식당으로 가다[德山托鉢]

【본칙本則】

德山一日托鉢下堂,

見雪峰, 問: "者老漢! 鐘未鳴, 鼓未響, 托鉢向甚處去?" 山便回方丈.

峰擧似巖頭, 頭云: "大小德山未會末後句!" 山聞, 令侍者喚巖頭來, 問日: "汝不肯老僧那?" 巖頭密啓其意, 山乃休去. 明日陞座, 果與尋常不同. 巖頭至僧堂前, 拊掌大笑云: "且喜得老漢會末後句, 他後天下人不奈伊何!"

덕산선감德山宣鑑(782-865) 스님께서 어느 날 (점심 때 식사준비가 늦어져 종소리가 울리지도 않았는데) 발우를 들고 식당으로 갔다. (그러자) 설봉의존雪峰義存(822-908)이 이를 보고 (능청스럽게) 따졌다. "노스님! 아직 종도 치지 않았고 북도 울리지 않았는데 발우를 들고 어디를 가시는 겁니까?" (그러자) 덕산 스님께서 말없이 방으로 되돌아갔다. 설봉이 암두전활巖頭全豁(828-887)에게 이 일을 알리니 암두 가로되, "천하의 덕산 스님께서도 아직 말후구를 모르시는구려."

덕산 스님께서 이 말을 듣고 시자를 시켜 암두를 불러놓고 가로되, "그대가 노승을 긍정하지 않는가?" (그러자) 암두가 덕산 스님의 귀에 입을 대고 가만히 그 뜻을 말하였다. 덕산 스님께서 곧 따지는 것을 멈추셨다.

다음 날 법상法床에 오르셨는데 과연 보통 때와 그 태도가 달랐다. 암두가 법문하는 법당 앞에 나아가 박장대소하며 가로되, "기쁘도다. 우리 노스님께서 (드디어) 말후구를 아셨네! 이후로는 천하의 누구도 노스님을 어쩌지 못할 것이리라!"

【제창提唱】

無門曰: 若是末後句, 巖頭德山俱未夢見在! 撿點將來, 好似一棚傀儡!

頌曰: 識得最初句, 便會末後句;
　　　末後與最初, 不是者一句.

무문 선사 가로되, 만약 이것이 말후구라면 덕산과 암두 둘 다 꿈에도 말후구 도리를 체득하지 못했느니라. (세밀히) 점검해 보면 덕산, 암두, (설봉) 모두가 무대 위의 꼭두각시로구나!

　　게송으로 가로되,
　　최초구를 알아차렸다면,
　　즉시 말후구를 알리라.
　　(그러나) 말후구와 최초구라 분별한다면,
　　(이것들은) 궁극의 일구一句가 아니네!

군더더기: 사전에서 '탁발托鉢'의 본래 의미는 '출가한 승려들이 경문經文을 외면서 집집마다 다니며 동냥하는 행위'이나 여기서는 '지발持鉢' 또는 '경발擎鉢'을 뜻하는 '절에서 식사 때 승려들이 바리때를 들고 식당食堂에 가는 행위'라는 뜻으로 쓰이고 있습니다.

제14칙 남전, 고양이를 베다 [南泉斬猫]

【본칙本則】

南泉和尙因東西兩堂爭猫兒, 泉乃提起云: "大衆! 道得卽救, 道不得卽斬却也!"

衆無對, 泉遂斬之.

晚, 趙州外歸, 泉擧似州, 州乃脫履安頭上而出.

泉云: "子若在, 卽救得猫兒."

어느 날 동당東堂과 서당西堂 소속 승려들 사이에 고양이 새끼 한 마리를 놓고 시비가 벌어지자 남전보원南泉普願(748-795) 선사께서 고양이 새끼를 치켜들고 "대중들이여! 한마디 이르면 살리고 이르지 못하면 고양이 목을 베리라!" 하셨다. 대중 가운데 한 사람도 대꾸가 없자 남전 선사께서 드디어 고양이 목을 베어버리셨다.

밤늦게 조주 스님이 외출했다가 돌아오자 남전 선사께서 낮에 있었던 일을 말씀하시니 조주 스님, 아무 말 없이 신발을 벗어 머리 위에 이고 나갔다. 남전 선사께서 "만일 그때 네가 있었더라면 고양이 새끼를 구했을 터인데!"이라며 중얼

거리셨다.

【제창提唱】

無門曰: 且道: 趙州頂草鞋意作麼生? 若向者裏下得一轉語,
便見南泉令不虛行.
其或未然, 險！

頌曰: 趙州若在, 倒行此令.
　　　奪却刀子, 南泉乞命.

무문 선사 가로되, 자! 일러보아라. 조주 선사께서 신발을 머리 위에 얹은 뜻이 무엇인가? 만약 이에 대해서 한 마디 이를 수 있다면, 곧 남전 선사께서 행하신 바가 헛짓이 아님을 알리라. 혹 그렇지 못하다면 "목숨이 위태로울 것이니라!"

게송으로 가로되,
만약 (그때) 조주 선사가 있어
거꾸로 한 마디 일러보시라고 다그치면서
칼을 빼앗아 들었다면
남전 선사, (오히려) 목숨을 구걸했으리라!

군더더기: 첫 번째 관문은 '만일 여러분이 그 자리에 있었다면 어떻게 응대해야 고양이를 살릴 수 있겠는가?'이고 두 번째 관문은 '(이미 죄 없는 고양이는 죽고) 저녁 때 돌아온 조주 스님에게 남전 선사가 낮의 일을 이야기하자 조주 스님이 짚신을 머리에 이고 나간 까닭은 무엇인가?'를 통찰하는 것입니다. 참고로 종달 노사님 입적 이후 숭산 노사님께 이 화두를 다시 점검 받았었는데 이때 필자의 안목眼目에 다시 한 번 큰 변화가 있었습니다.

제15칙 동산, 육십대를 면제받다[洞山三頓]

【본칙本則】

雲門因洞山參次,

門問曰:"近離甚處."

山云:"査渡."

門曰:"夏在甚處."

山云:"湖南報慈."

門曰:"幾時離彼."

山云:"八月二十五."

門曰:"放汝三頓棒."

山至明日却上問訊:"昨日蒙和尙放三頓棒, 不知過在甚麼處?"

門曰:"飯袋子, 江西湖南, 便恁麼去!"

山於此大悟.

운문문언雲門文偃(864-949) 화상께서 동산수초洞山守初(910-990)가 처음 참문하러 오자 물으셨다. "어디서 왔는고?" "사도에서 왔습니다." "여름철(하안거)은 어디에서 지냈는고?" "호남의 보자사에서 지냈습니다." "언제 그곳을 떠나왔는고?" "8월 25일입니다." 운문화상 가로되, "(대개는 맞으면 정신 차리지만, 그대는 때릴 가치도 없어서) 그대에게 몽둥이찜질 60대를 면제하노라."

다음날 동산이 운문 화상께 여쭈었다. "60대를 면제한다고 하셨는데 저의 허물이 어디에 있었습니까?"

"이 밥통아! 강서니 호남이니 하며 어디를 그렇게 쏘다닌다는 말이냐?"

동산이 이 말을 듣고 크게 깨달았다.

【제창提唱】

無門曰: 雲門當時便與本分草料, 使洞山別有生機一路, 家門不致寂寥. 一夜在是非海裏著到, 直待天明再來, 又與他注破, 洞山直下悟去, 未是性燥.

且問諸人: 洞山三頓棒合喫不合喫? 若道合喫, 草木叢林皆合喫棒; 若道不合喫, 雲門又成誑語. 向者裏明得, 方與洞山出一口氣.

頌曰: 獅子敎兒迷子訣, 擬前跳躑早翻身;
　　　無端再敍當頭著, 前箭猶輕後箭深.

무문 선사 가로되, 운문 선사께서 동산에게 당시 그 자리에서 본분의 가르침을 주셔서 동산에게 따로 살아날 길을 일러주셨다면 운문종의 대가 끊이지는 않았을 것을! (한편 사실) 동산으로 하여금 하룻밤 새 분별分別의 바다에서 헤매다 이튿날 다시 찾게 하여 한 마디로 깨치게 하셨으나 아직은 완전한 깨달음에 도달하지는 못했네.

　여러분에게 묻노니 동산이 매 60대를 맞을 짓을 했는가 안했는가? 만약 맞을 짓이라면 초목은 물론 누구든지 맞을 것이고 그렇지 않다면 운문 선사께서 속인 것이 되리라. 이에 대하여 분명히 알아차렸다면 바야흐로 동산과 함께 더불어 (같은 경지에서) 호흡하리라!

　게송으로 가로되,
　사자가 새끼를 가르치는 비결처럼,
　앞으로 다가오려는 새끼를 낭떠러지로 차 굴리고 재빨리 몸을 숨긴 다음,
　기어 올라오는 새끼만을 거두어 기르듯이 간절히 (기다리다) 다시 베풀어 계합하셨기에,
　앞 화살은 가볍게 박혔으나 뒤 화살은 깊게 박혔네.

군더더기: 첫 번째 관문은 '묻는 말에 있는 그대로 잘 대답했는데 왜 삼돈방을 허한다고 했는가?'이고 두 번째 관문은 '여러분이 동산의 입장이었다면 어떻게 응대했겠는가?'입니다. 참고로 운문 선사는 설봉 선사의 수제자로 운문산雲門山 광봉원에 거주하면서 당말에서 오대에 걸쳐서 활약한 대선사로서, 그 초인적이고 기품 있는 선풍禪風은 일세一世를 풍미하고, 뒤에 운문종雲門宗의 시조始祖로 존경받게 되었습니다.

제16칙 종소리에 칠조가사를 입다[鐘聲七條]

【본칙本則】

雲門曰: "世界恁麼廣闊, 因甚向鐘聲裏披七條?"

운문 선사 가로되, "세계가 이렇게 광활한데, 어찌하여 종소리를 듣자 칠조가사(당시의 평상시 승복)를 입는가?"

【제창提唱】

無門曰: 大凡參禪學道, 切忌隨聲逐色. 縱使聞聲悟道, 見色明心, 也是尋常. 殊不知衲僧家, 騎聲蓋色, 頭頭上明, 著著上妙. 然雖如是, 且道: 聲來耳畔? 耳往聲邊? 直饒響寂雙忘, 到此如何話會? 若將耳聽應難會, 眼處聞聲方始親.

頌曰: 會則事同一家, 不會萬別千差;
　　　不會事同一家, 會則萬別千差.

무문 선사 가로되, 무릇 선禪을 참구하고 도道를 배우는 사람은 소리를 따르고 색깔을 좇는 것을 깊이 삼가 해야 한다.

소리를 듣고 도를 깨치고, 색깔을 보고 마음을 밝히는 것은 일상의 흔한 일이네. (그러나 대부분) 바른 수행자들이 (자유자재로) 소리를 올라타고 색깔을 뒤덮어, 일마다 밝고 (마치 바둑 둘 때처럼) 한 수, 한 수 묘수를 두는 경지를 알지 못한다. 그렇더라도 어디 일러 보아라. 이때 소리가 귀에 오는가, 귀가 소리에 가는가? 소리와 고요를 모두 잊은 여기에 이르러서는 어떻게 이야기할 것인가? 만약 귀로 듣는다면 알기 어려울 것이고 눈으로 소리를 들을 수 있어야 비로소 확연해질 것이다.

게송으로 가로되,
깨달으면 천지가 온통 한 집이요,
깨치지 못하면 천차만별이지만,
(세밀히 살펴보면) 깨치지 못하면 본래가 한 집이고,
깨치면 확연히 천차만별이네.

군더더기: 여기서 '문성오도聞聲悟道'와 '견색명심見色明心'은 각각 향엄 선사가 마당을 비질하다가 돌자갈이 대나무에 부딪치면서 나는 소리에 깨쳤으며 영운 선사가 행각 중에 화사하게 핀 복사꽃을 보는 순간 문득 깨쳤다는 데에서 유래

한 선어禪語들입니다. 특히 마음을 밝힌다는 뜻의 '명심明心'은 후대에 〈명심보감明心寶鑑〉이라는 책의 제목으로도 쓰였는데, 비록 석가세존이나 역대 조사들을 직접 언급하고 있는 내용들은 아니라할 지라도 어린이들로 하여금 스스로를 돌이켜 보게 하는, 알맞은 눈높이의 글들이 담겨 있어 선도회에서는 어린이를 위한 '선어록'으로 활용하고 있습니다.

제17칙 국사, 세 번 부르다[國師三喚]

【본칙本則】
國師三喚侍者, 侍者三應.
國師云: "將謂吾辜負汝, 元來却是汝辜負吾!"

남양혜충南陽慧忠(?-775) 국사가 시자를 세 번 부르니, 시자가 세 번 대답했다. (그러자) 국사 가로되, "내가 너에게 잘못했다고 생각했는데, 오히려 네가 나에게 잘못을 저질렀구나."

【제창提唱】
無門曰: 國師三喚, 舌頭墮地; 侍者三應, 和光吐出. 國師年老心孤, 按牛頭喫草; 侍者未肯承當, 美食不中飽人飡. 且道: 那裏是他辜負處? 國淨才子貴, 家富小兒嬌.

頌曰: 鐵枷無孔要人擔, 累及兒孫不等閑.
　　　欲得撑門幷拄戸, 更須赤脚上刀山.

무문 선사 가로되, 국사의 세 번 부름이여! (국사의) 혀가 땅바닥에 떨어졌구나. (반면) 시자의 세 번 대답함이여! 진리를 모두 드러내었네. 국사께서 나이가 들어 외로운 마음에 마치 (빨리 살찌게 하려는 욕심에) 소머리를 눌러 풀을 뜯게 하려는 듯이 애를 썼으나 시자가 이를 받들지 못하는구나. (사실) 맛있는 음식도 배부른 사람에게는 소용없는 법이네. 자! 일러보아라. 어디가 시자가 그릇된 곳인지를! 나라일이 투명하면 인재들을 중용하고, 부잣집 아이들은 응석이 심하네.

게송으로 가로되,
('국사삼환' 화두는 마치) 구멍 없는 쇠칼을 머리에 씌우려는 것과 같아서
재앙이 그 자손에까지 미쳐 쉴 틈이 없네.
(선종禪宗의) 가문家門을 지탱하고자 한다면
다시 모름지기 맨발로 칼산을 올라야 하리라!

군더더기: 어디가 국사가 시자를 잘못 대한 곳인가? 이를 인득하면 시자가 국사에게 잘못 응대한 곳은 자명할 것입니다. 그러면 필경畢竟 바른 경계는 무엇입니까? 참고로 '國淨才子貴'를 '國清才子貴'이라고 쓴 곳도 있습니다.

덧붙여 종달宗達 이희익 노사께서 이 화두를 투과하는데 무척 힘드셨다고 말씀하시면서, 그래서 헌호軒號를 '고부헌辜負軒'이라 지으셨다고 말씀하신 적이 있습니다.

제18칙 동산, 마삼근이라 외치다[洞山三斤]

【본칙本則】
洞山和尙因僧問: "如何是佛?"
山云: "麻三斤!"

동산수초 선사께 어느 때 한 승려가 "어떤 것이 부처입니까?" 하고 물으니 동산 선사께서 "마삼근麻三斤이니라."라고 응답하셨다.

【제창提唱】
無門曰: 洞山老人參得些蚌蛤禪, 纔開兩片, 露出肝腸. 然雖如是, 且道: 向甚處見洞山?

頌曰: 突出麻三斤, 言親意更親.
　　　來說是非者, 便是是非人.

무문 선사 가로되, 동산 노인께서 하찮은 방합선蚌蛤禪을 참구하고 얻은 바, 입을 조금 열자 (마치) 간장肝臟을 (열어보이듯이 몽땅) 드러내셨다. 그러나 일러 보아라. 어느 곳을 향하여 동산 스님(의 見處)을 볼 것인가?

게송으로 가로되,
(동산 스님께서 가사장삼을 다루시다) 툭 내뱉은 마삼근!
그 말씀 친절하나, 뜻은 더욱 친절하네.
(이에 대해) 와서 (이러쿵저러쿵) 시비를 가리려는 자!
(그가) 바로 (分別에 떨어진) 시비인是非人이네.

군더더기: 당나라 때 가사 한 벌의 무게에 해당하는 마사麻絲의 기본단위는 삼근 三斤이었다고 합니다. 〈오등회원〉 가운데 오조법연五祖法演 선사의 제자인 구정 청소九頂淸素 선사가 '來說是非者 便是是非人'이란 선어禪語를 처음 사용했는데 〈명심보감〉 '성심편省心篇'에서도 인용하고 있다.

한편 운문 선사는 문하에 많은 뛰어난 선사를 배출했는데, 오늘날의 협서성陝西 省 서부에 있는 봉익에서 태어난 수초 선사도 그 중의 한 사람으로 양주의 동산 洞山에 살고 있었으므로 보통 동산 선사로 불리었습니다. 봉익은 장안, 낙양과 함께 불교가 중국에 전래된 이래 당시대에서 송 시대에 이르기까지 교학적敎學 的인 불교가 번성했던 땅이었기 때문에, 동산은 이와 같은 지방에서 태어나 상당한 불교학적 영향을 받고 있었음에 틀림이 없습니다. 그러나 그것에 만족하지 않고 서북西北의 구석에서 남동南東 끝까지 수 천 킬로를 여행하여 운문 선사 문하에서 수행을 했다는 것은 동산 선사가 격렬한 구도심과 강한 의지에 불타고 있지 않았다면, 도저히 감당할 수 없었던 일임에 틀림이 없습니다.

제19칙 평상심이 바로 도라네[平常是道]

【본칙本則】

南泉因趙州問: "如何是道?"

泉云: "平常心是道!"

州云: "還可趣向否?"

泉云: "擬向卽乖!"

州云: "不擬爭知是道?"

泉云: "道不屬知, 不屬不知; 知是妄覺, 不知是無記. 若眞達 不擬之道, 猶如太虛, 廓然洞豁, 豈可强是非也!"

州於言下頓悟.

　남전南泉 선사께 조주趙州가 물었다. "어떤 것이 도道입니까?" 남전 선사께서 가로되, "평상심이 도이니라." 조주가 다시 여쭈었다. "(일상생활이 모두 도라고 하시는데) 어떻게 취향趣向할 수 있습니까?" 남전 선사께서 가로되, "향하고자 하면 곧 어긋나느니라." 조주가 다시 여쭈었다. "향해 닦지 않는다면 어떻게 도를 알겠습니까?" 남전 선사께서 가로되, "도는 아는 데에도 속하지 않고 모르는 데에 속하지 않는다.

안다는 것은 망령된 깨달음이며, 모른다는 것은 무기無記이니라. 참으로 향함 없는 도에 이르렀다면 오직 태허太虛와 같아서 확연하여 통활洞豁하리니, 무엇 때문에 굳이 시비할 것인가!" 조주가 이 말에 크게 깨달았다.

【제창提唱】
無門曰: 南泉被趙州發問, 直得瓦解冰消, 分疏不下. 趙州縱饒悟去, 更參三十年始得!

頌曰: 春有百花秋有月, 夏有凉風冬有雪.
　　　若無閑事掛心頭, 便是人間好時節.

무문 선사 가로되, 남전 선사께서 조주에게 발문을 당하여, 다만 기와가 깨지고 얼음 녹듯이 무너져버려 더 이상 어떤 설명도 할 수 없게 되었다. 비록 조주가 설령 이에서 깨달았다고 해도 다시 삼십 년을 참구한 후에라야 비로소 진짜이리라!

게송으로 가로되,
봄에는 백화만발하고 가을에는 달빛 밝으며,

여름에는 바람 시원하고 겨울에는 흰 눈 내리네.
만약 사소한 일조차 마음에 두지 않으면,
바로 이것이 인간 세계의 좋은 시절이로구나.

군더더기: 〈무문관〉에서 가장 대표적인 이 게송은 무문혜개(南嶽下十八世) 선사께서 천령범사天寧梵思(南嶽下十五世) 선사의 게송 가운데 '在'를 '掛'로만 바꾸어 노래했습니다. 참고로 인간의 일상생활 자체를 진리[佛道]의 전개로 통찰한, 마조도일馬祖道一(709-788) 선사는 상당법어에서 평상심에 대해 상류층이니 서민층이니 하는 분별없이, 다음과 같이 제창하고 있습니다.

"평상심이라고 하는 것은 조작이 없는 마음[無造作], 옳고 그름에 집착하는 일이 없는 마음[無是非], 좋은 것은 취하고 나쁜 것은 버리는 일이 없는 마음[無取捨], 존재하는 모든 것이 단멸한다느니 영원하다느니 하는 견해를 떠난 마음[無斷滅], 범부나 성인이라는 집착마저도 없는 마음[無凡無聖]이다."

뒤이어 제자 남전보원(748-834) 선사가 '평상심이 바로 도[平常心是道]'라는 선어禪語를 제창하며 스승의 가르침을 계승·전개하였던 것입니다.

제19칙 평상심이 바로 도라네

제20칙 (형편없는) 대역량인[大力量人]

【본칙本則】

松源和尙云: "大力量人因甚擡脚不起?
又云: "開口不在舌頭上!"

송원숭악松源崇嶽(1132-1202) 화상 가로되, "대장부가 무엇 때문에 발을 들고 일어나지 못하는고?" 또 가로되, "입을 여는 것이 혀에 있지 아니 하니라."

【제창提唱】

無門曰: 松源, 可謂: 傾腸倒腹, 只是欠人承當. 縱饒直下承當, 正好來無門處喫痛棒. 何故? 聻! 要識眞金火裏看!

頌曰: 擡脚踏翻香水海, 低頭俯視四禪天,
　　一箇渾身無處著, 請續一句.

무문 선사 가로되, 송원 선사께서 배를 뒤집어 내장을 드러내보였는데 아쉽게도 사람들이 받아들이지 못하는구나. 비록 즉시 받아들인다 할지라도, 나, 무문이 주석하는 곳에서 매서운 몽둥이찜질을 받아야만 하리라! 왜냐하면, 순금인지 알려면, 불 속에서 봐야하기 때문이네.

　게송으로 가로되,
　다리를 쳐들었다 내려놓으면 향수해[대해大海]가 뒤집히고
　머리를 숙여 사선천[우주宇宙]을 내려다볼 정도로 몸뚱이가 크니
　(우주보다 큰) 이 한 몸뚱이 둘 곳이 없구나.
　(그대들에게) 청하노니 (마지막) 한 구절을 붙여보게나!

군더더기: 위의 이전어二轉語와 함께 "눈 밝은 사람이 왜 발아래 매인 붉은 실을 끊지 못하는가?"[明眼衲僧 因甚麽脚下紅絲線不斷?]를 합쳐서 송원의 삼전어三轉語라고 합니다.

한편 〈무문관〉에 들어있는 게송 가운데 유일하게 마지막 구를 지어서 덧붙이라며 숙제를 내주셨는데, 자유자재한 대역량인이 되지 않으면 붙일 수 없는, 투과해야 할 또 하나의 관문입니다.

제21칙 운문, 마른 똥막대기라 외치다[雲門屎橛]

【본칙本則】

雲門因僧問: "如何是佛?"

門云: "乾屎橛!"

운문 선사께 어느 때 한 승려가 "어떤 것이 부처입니까?"라고 묻자 운문 선사께서 "마른 똥 막대기니라."라고 대답하셨다.

【제창提唱】

無門曰: 雲門, 可謂: 家貧難辨素食, 事忙不及草書. 動便將屎橛來撐門拄戶, 佛法興衰可見!

頌曰: 閃電光, 擊石火,
　　　 眨得眼, 已蹉過.

무문 선사 가로되, 운문 선사께서는 집안이 가난하여 입에 풀칠하기도 어렵고 일이 정신없이 바빠서 초서로 휘갈기며 글을 쓸 틈조차 없네. 걸핏하면 마른 똥 막대기를 가져와 가문을 지탱하고 문호를 버티려 하니 불법의 흥망성쇠가 불 보듯 눈앞에 선하구나.

게송으로 가로되, (운문의 '간시궐'이란 답변!)
번쩍이는 번갯불과 같고
돌이 맞부딪쳐 튀는 불꽃과 같아서
(우물쭈물하다가는) 눈 깜짝할 사이에
이미 그르치고 마네!

군더더기: 요즈음 똥에 대해 학문적으로 연구하는 '코프롤로지'라는 분야도 있으며, 다양한 똥의 자태를 전문으로 찍어 전시회를 여는 사진작가도 있다고 하니, 운문 선사께서는 똥의 가치를 일찍이 통찰하신 정말 선견지명이 있으신 분입니다.

한편 변비로 고생하는 분들의 경우 힘들게 배출했을 경우, '크게 편하다'라는 뜻으로 새길 수도 있는 '대변大便'이란 용어도 21세기 운동부족인 현대인들에게 장수의 비결 가운데 하나인 쾌변快便과 함께 한번 깊이 성찰해 볼 가치가 있다고 생각됩니다!

제21칙 운문, 마른 똥막대기라 외치다

제22칙 가섭, 찰간을 내리라고 외치다[迦葉刹竿]

【본칙本則】

迦葉因阿難問云: "世尊傳金襴袈裟外, 別傳何物?"
葉喚云: "阿難!"
難應諾.
葉云: "倒却門前刹竿著!"

아난이 가섭 존자께 "세존께서 금란가사金襴袈裟 외에 또 어떤 것을 전하셨습니까?"라고 묻자 가섭 존자께서 "아난아!" 하고 부르셨다. 아난이 "네!"하고 응답하자 가섭 존자께서 "(법문이 끝났으니) 문 앞의 찰간을 내리거라!"라고 하셨다.

【제창提唱】

無門曰: 若向者裏下得一轉語親切, 便見靈山一會儼然未散. 其或未然, 毘婆尸佛早留心, 直至而今不得妙.

頌曰: 問處何如答處親? 幾人於此眼生筋?
　　　兄呼弟應揚家醜, 不屬陰陽別是春.

무문 선사 가로되, 만약 이에 대해 제대로 한 마디 이를 수 있다면 영산회상이 아직 흩어지지 않았음을 알리라. 만약 그렇지 못하다면 (그대들이) 비록 비바시불 때부터 일찍이 마음공부를 시작했다 하더라도 지금에 이르기까지 아직 묘법을 터득하지 못한 것과 같으리라.

게송으로 가로되,
물음보다 응답이 친한가 어떤가?
(그런데 이 문답에) 그 얼마나 많은 수행자들이 눈을 부릅뜨고 참구했던가!
형이 부르고 동생이 대답하여 만천하에 그 가풍을 몽땅 드러내니,
(이것이야 말로) 음양에도 속하지 않는 별세계의 봄이로구나.

군더더기: 대체로 석가세존釋迦世尊의 입멸入滅은 기원전 486년으로 이때 세존은 80세, 가섭존자는 그 제자였지만 연령은 세존보다 조금 더 위였으며, 아난존자는 46세 정도였다고 합니다. 참고로 아직 아난이 깨치기 전일 때인 이 문답은 〈오등회원〉 제1권 '아난장'에 나오는 일화입니다. 한편 (자연에 존재하는 90여종의 원소들로 구성된) 금란가사와 누더기옷은 같은가 다른가? 같은 사람이라도

입은 옷에 따라 일어나는 존경심의 정도가 같은가 다른가? 등을 함께 통찰해 보십시오.

참고로 아난이 깨침을 인정 받은 일화는 다음과 같습니다. 가섭 존자가 석가세존이 돌아가시고 부처님 말씀을 경으로 만드는 결집을 하고 계실 때 아난 존자에게 "아직 깨치지 못했기 때문에 깨칠 때까지는 참가할 수 없다"고 하자 밤잠을 자지 않고 노력해 드디어 야심한 밤에 깨쳤습니다. 그래서 뛸 듯이 기뻐하며 즉시 그 길로 가섭 존자가 계신 곳으로 갔었는데, 이 대목이 인도의 대승불교 승려 용수龍樹가 〈대품반야경大品般若經〉에 주석을 붙인 〈대지도론大智度論〉에 다음과 같이 기술되어 있습니다.

'대가섭이 물었다. "문을 두드리는 이가 누구시오?" 아난이 대답했다. "아난입니다." 대가섭이 물었다. "그대는 무슨 일로 왔는가?" 아난이 대답했다. "나는 오늘 밤에 모든 누가 다하였습니다." 대가섭이 말했다. "그대에게 문을 열어 주지는 않겠다. 그대가 열쇠 구멍[약공鑰孔]으로 들어오라." 아난이 대답했다. "그렇게 하겠습니다." 그러고는 곧 신통력으로 열쇠 구멍을 통해 들어갔다.'
[大迦葉問言 敲門者誰? 答言 我是阿難 大迦葉言 汝何以來? 阿難言 我今夜得盡諸漏. 大迦葉言 不與汝開門 汝從門鑰孔中來! 阿難答言 可爾! 卽以神力從門鑰孔中入.]

자! 이처럼 가섭 존자께서 말씀하시기를, "(깨쳤다면) 밤이 늦었으니 열쇠 구멍으로 들어오라!"고 했습니다. 그러자 아난 존자, 곧 열쇠 구멍으로 들어가 결집에 참가하게 되었다고 합니다. 만일 당시 여러분이 아난 존자의 위치에 있었다면 어떻게 열쇠 구멍으로 들어갈 수 있겠습니까? 머뭇거림 없이 즉시 그 경계를 제시해 보십시오!

제23칙 선악을 분별하지 말라[不思善惡]

【본칙本則】

六祖因明上座趁至大庾嶺, 祖見明至, 卽擲衣鉢於石上,

云: "此衣表信, 可力爭耶? 任君將去!"

明遂擧之, 如山不動, 踟躕悚慄,

明曰: "我來求法, 非爲衣也, 願行者開示."

祖云: "不思善! 不思惡! 正與麼時, 那箇是明上座本來面目?"

明當下大悟, 遍體汗流, 泣淚作禮,

問曰: "上來密語密意外, 還更有意旨否?"

祖曰: "我今爲汝說者, 卽非密也. 汝若返照自己面目, 密却在汝邊!"

明云: "某甲雖在黃梅隨衆, 實未省自己面目. 今蒙指授入處, 如人飮水, 冷暖自知, 今行者卽是某甲師也."

祖云: "汝若如是, 則吾與汝同師黃梅, 善自護持!"

육조혜능六祖慧能(638-713) 선사, 그때 명상좌가 쫓아 대유령에 이르자 육조가 명상좌가 다다름을 보고 바로 의발을 바위

위에 던지며 말하기를, "이 의발은 믿음을 표하는 것인데 어찌 힘으로 다툴 것이요? 그대가 가져가려면 가져가 보시요!" 명상좌가 들려고 하니 태산처럼 움직이지 아니하니 깜짝 놀라 벌벌 떨면서 명이 말하기를, "제가 법을 구하려고 온 것이지 의발 때문에 온 것은 아닙니다. 원하건대 행자님이시여! 제게 법을 가르쳐 주십시오."

육조 말하기를, "선도 생각지 말고, 악도 생각지 않은 바로 그때, 어떤 것이 명상좌의 본래면목이요?" 명이 이 말에 크게 깨닫고는 전신에 땀을 흘리고 눈물을 흘리면서 예를 올리며 묻기를, "위의 말씀하신 비밀한 뜻 외에 다른 뜻이 있습니까?"

육조 대사 가로되, "제가 지금 당신께 설한 것에는 비밀한 것이 없습니다. 만약 당신께서 자기 자신의 면목을 돌이켜 보면 비밀은 도리어 당신께 있습니다." 명상좌 가로되, "제가 황매산의 오조 선사 밑에서 대중과 함께 했으나 실은 아직까지 저의 본래면목을 보지 못했는데 이제 가르침을 받아 깨치니, 사람이 물을 마시고 나서 차고 더운 것을 스스로 아는 것과 같습니다. 행자께서는 저의 스승이십니다."

육조 말하기를, "당신께서 진정 그렇다면 저와 당신은 황매산의 오조 선사를 함께 스승으로 섬길 것이오니 스스로 잘 지키기 바랍니다."

【제창提唱】

無門曰: 六祖, 可謂: 是事出急家, 老婆心切. 譬如新荔支剝了殼, 去了核, 送在爾口裏, 只要爾嚥一嚥.

頌曰: 描不成兮畫不就, 贊不及兮休生受.
　　　本來面目沒處藏, 世界壞時渠不朽.

무문 스님 가로되, 육조 대사께서 잘도 하셨다. 이 일은 도망가다 노파심에서 급하게 이루어진 이야기이네. 이를테면 여지(荔支, 중국 남방에서 나는 과일)의 껍질을 벗기고 씨를 발라서 그대의 입속에 넣어 주어 다만 그대는 꿀꺽 삼키기만 하면 되는 것이네.

게송으로 가로되,
본뜰 수도 없고, 그릴 수도 없고,
밝힐 수도 없다고 해서 꿀꺽 삼키지 말라.
(그런데) 본래면목은 감추려야 감출 곳도 없으려니와
세계가 무너져도 그것만은 썩지 않으리라.

군더더기: 당시 여러분이 그 자리에 있었다면, 육조 선사께서 "이 의발은 믿음을 표하는 것인데 어찌 힘으로 다툴 것이요? 그대가 가져가려면 가져가 보시요!"라고 했을 때 여러분은 어떻게 응대했겠습니까?

제24칙 말과 침묵 모두 던져버려라 [離却語言]

【본칙本則】

風穴和尙因僧問:

"語默涉離微, 如何通不犯?"

穴云: "長憶江南三月裏, 鷓鴣啼處百花香."

풍혈연소風穴延沼(896-973) 화상께 한 승려가 물었다. "말을 해도 진리[이미離微]에 어긋나고 안 해도 어긋나니, 어떻게 해야 진리에 어긋나지 않고 통할 수 있습니까?" 풍혈 스님 가로되, "강남의 삼월을 오래도록 기억하고 있지. 자고새 우는 곳에 백화가 무척 향기로웠다네."

【제창提唱】

無門曰: 風穴機如掣電, 得路便行, 爭奈坐前人舌頭不斷! 若向者裏見得親切, 自有出身之路. 且離却語言三昧, 道將一句來!

頌曰: 不露風骨句, 未語先分付.

進步口喃喃, 知君大罔措.

무문 선사 가로되, 풍혈 선사의 기지는 번갯불과 같아서 거칠 것 없이 잘 응대했으나, 옛사람[두보杜甫]의 글귀를 떨쳐 내지 못하였음을 어찌할꼬? 만약 이를 꿰뚫어 볼 수 있다면 스스로 나아갈 길이 있으리라. 자! 언어 삼매를 떠나서 (자기만의) 한 마디 일러 보게!

게송으로 가로되,
(격조 높은) 풍골구[一轉語]를 드러내지도 않고
(본론을) 아직 말하지 않고도 벌써 진리를 다 드러내 보였네.
(이에 대해 만일) 입으로 이러쿵저러쿵 지껄인다면
(이는) 그대들이 크게 잘못하는 것임을 알라.

군더더기: 참고로 스승인 남원혜옹南院慧顒(860-930) 선사와 풍혈 선사와 벌린 임제 선사의 '사료간四料揀'에 관한 문답 가운데 관련된 구절이 〈인천안목人天眼目〉 제1권에 다음과 같이 들어 있습니다.

'남원 선사 묻기를, "어떤 것이 주관[人]과 객관[境]을 모두 빼앗지 않는 경계이나?" 풍혈 가로되, "강남의 삼월을 오래도록 기억하고 있는데, 자고새 우는 곳에 백화가 무척 향기로웠지요."[南院問 如何是人境俱不奪. 穴云 長憶江南三月裏 鷓鴣啼處百花香]

사실 풍혈 선사는 스승보다 더욱 친절하게 물음을 자답自答으로 바꾸어 제자를 다그치고 있습니다.

제25칙 세 번째 앉은 이가 설법하다[三座說法]

【본칙本則】

仰山和尙夢見往彌勒所, 安第三座,

有一尊者白槌云: "今日當第三座說法!"

山乃起白槌云: "摩訶衍法, 離四句絶百非. 諦聽! 諦聽!"

앙산혜적仰山慧寂(803-887) 선사께서 꿈에 미륵불(56억 7000만 년 후 출현하신다는 부처) 계신데 가서 세 번째 자리에 앉으셨는데, 한 존자께서 종을 치며 대중에게 "오늘은 세 번째 자리에 앉은 분의 설법이 있겠습니다."라고 아뢰었다. 앙산 선사께서 곧 일어나 종을 치고는 "대승(마하연)의 법은 사구를 여의고 백비까지 끊어졌으니(일체가 空이니) 자세히 들으시오! 자세히 들으시오!"라고 설하셨다.

【제창提唱】

無門曰: 且道: 是說法不說法? 開口卽失, 閉口又喪, 不開不閉, 十萬八千.

頌曰: 白日靑天, 夢中說夢.
　　　捏怪捏怪, 訛諱一衆.

자! 일러 보아라. (꿈속에서 횡설수설한) 이것이 설법인가? 설법이 아닌가? 입을 열면 곧 (불법을) 잃어버리고, 입을 다물면 또한 (불법을) 손상시키게 되며, 열지도 않고, 다물지도 않는다 해도 또한 십만 팔천 리나 먼 경계이니라.

게송으로 가로되,
밝은 대낮에
꿈속에서 꿈 이야기를 하니,
괴이하고 괴이하도다.
(소위 선사라는 분이) 대중들을 속이고 있네!

군더더기: 선의 스승들께서는 수단과 방법을 가리지 않고, 한 사람이라도 깨우치기 위해 이처럼 깨어야 할 꿈까지도 활용하고 있습니다.

제26칙 두 승려가 발을 올리다[二僧捲簾]

【본칙本則】

清凉大法眼因僧齋前上參, 眼以手指簾, 時有二僧同去捲簾, 眼曰: "一得一失!"

청량법안清凉法眼(885-958) 선사께 승려들이 점심 공양 전에 상참上參하였다. 법안 선사께서 손으로 발[簾]을 가리키자 두 승려가 함께 가서 발을 말아 올렸다. 법안 선사 가로되, "한 사람은 맞았고, 다른 한 사람은 틀렸느니라!"

【제창提唱】

無門曰: 且道: 是誰得誰失? 若向者裏著得一隻眼, 便知清凉國師敗闕處.
然雖如是, 切忌向得失裏商量!

頌曰: 捲起明明徹太空, 太空猶未合吾宗.
　　　爭似從空都放下, 綿綿密密不通風.

무문 선사 가로되, 자! 일러 보아라. 누가 맞았고, 누가 틀렸는가? 만약 이에 대해 혜안慧眼[一隻眼]으로 꿰뚫어 볼 수 있다면 곧 청량 국사의 허물을 알리라. 비록 그러하나 부디 얻었다느니 잃었다느니 하는 이원적 분별을 일으켜 헤아리지는 말게!

송해 가로되,
발을 걷어 올리니 확연히 밝은 하늘이나
밝은 하늘일지라도 선의 종지宗旨와는 계합契合하지 않네.
어찌 그 텅빈 하늘[空]마저도 내던져버린
면면밀밀綿綿密密해 바람도 통하지 않는 경지에 미치겠는가!

군더더기: 중국 시사주간지인 중국신문주간이 2009년 10월호에서 상하이 푸단復旦대 왕이웨이 교수의 글을 인용하며, "중국인은 '장정長征'이라고 부르는데 한국인은 '대장정大長征'이라고 부른다. 또 중국에서 큰 인기를 얻은 드라마 대장금大長今, 한국의 국호인 대한민국에서 보듯 한국인은 '대大'자를 좋아한다."고 전했습니다. 왕 교수는 "한국 역사책에 한민족은 끊임없이 침략을 당했지만 남의 나라를 침략해 본 적이 없는 억울하면서도 순결한 민족으로 돼 있다"고 말했습니다. 한국인은 어려운 환경을 스스로의 힘으로 뚫고 현재의 강국이 됐다는

것을 강조한다는 것입니다. 한 한국 기자는 "한국의 아이들은 한국이 얼마나 어렵게 부흥했는지, 현재 얼마나 강대국인지를 배우며 자란다."고 전했습니다. 잡지는 이 과정에서 한국인의 강렬한 민족의식이 민족우월감으로 바뀐다고 분석했습니다. '대'자를 좋아하는 것은 이런 배경에서 입니다. 민족우월감은 '한류'라는 이름으로 포장돼 세계에 팔려나가고 있다고 봤습니다. 그러나 이 잡지의 기자는 1228년에 출간된 〈無門關〉이란 문헌에서 이미 '淸凉大法眼'의 사례처럼 중국에서도 오래전부터 '大'를 쓰고 있는 것을 모르고 있는 것 같습니다. 그만큼 현재 중국은 '선禪'의 정신과도 멀다는 것을 뜻하리라 판단됩니다.

제27칙 마음도 부처도 아니네[不是心佛]

【본칙本則】
南泉和尙因僧問云: "還有不與人說底法麼?"
泉云: "有!"
僧云: "如何是不與人說底法?"
泉云: "不是心! 不是佛! 不是物!"

남전南泉 선사께 한 승려가 물었다. "사람에게 설하지 못하는 법이 있습니까?" 남전 선사가 말하였다. "있느니라!" 이 승려가 다시 물었다. "어떤 것이 사람에게 설하지 못하는 법입니까?" 남전 선사 가로되, "마음도 아니고 부처도 아니며 사물도 아니니라."

【제창提唱】
無門曰: 南泉被者一問, 直得揣盡家私, 卽當不少.

頌曰: 叮嚀損君德, 無言眞有功;
　　　任從滄海變, 終不爲君通.

무문 선사 가로되, 남전 선사께서 이 질문을 받고 자기 살림살이를 전부 헤아려 보니 낭패가 이만저만이 아니네.

게송으로 가로되,
친절이 지나쳐 도리어 군자의 덕을 손상하니
차라리 입을 닫고 있었던들 참으로 공덕이었을 것을!
설사 바다가 변해 육지가 된다고 해도
결코 그대를 위하여 설하지 않겠네!

군더더기: 여기서 남전 선사께서 낭패를 당했다는 뜻은 말이나 글로는 진리[佛法] 자체를 나툴 수 없는데 괜히 헛수고를 했다는 말입니다. 한편 〈벽암록〉 제28칙에 보면 무명승이 백장유정百丈惟政 스님이라는 것을 알 수 있습니다.

제28칙 오래도록 용담을 흠모하다[久嚮龍潭]

【본칙本則】

龍潭因德山請益抵夜,

潭云:"夜深, 子何不下去?"

山遂珍重揭簾而出, 見外面黑,

却回云:"外面黑!"

潭乃點紙燭度與, 山擬接, 潭便吹滅.

山於此忽然有省, 便作禮.

潭云:"子見箇甚麽道理?"

山云:"某甲從今日去, 不疑天下老和尙舌頭也!"

至明日, 龍潭陞堂云:"可中有箇漢, 牙如劍樹, 口似血盆, 一棒打不回頭, 他時異日向孤峰頂上立吾道在!"

山遂取疏抄於法堂前, 將一炬火提起云:"窮諸玄辨, 若一毫致於太虛; 竭世樞機, 似一滴投於巨壑!"將疏抄(云 畵餠不可充飢) 便燒, 於是禮辭.

용담숭신龍潭崇信(782-865) 선사께 덕산이 가르침을 청하여 듣다가 밤이 깊었다. 용담 선사께서 "밤이 깊었는데 왜 물러

가지 않는가?"라고 하시니 덕산이 드디어 인사를 하고 발[簾]을 들고 나갔다가 다시 들어와서 "밖이 캄캄합니다!"라고 하였다. 용담 선사께서 초에 불을 붙여 주시고는 덕산이 받으려고 하는 찰나에 이를 불어 꺼버리셨다. 덕산이 이때 곧 깨닫고 절하였다. 용담 선사께서 "그대가 어떤 도리를 보았기에 절을 하는가?"라고 물으시니 덕산이 "제가 오늘부터 천하天下 노화상老和尙님들의 말씀을 의심치 않겠습니다."라고 대답하였다. 그 다음날 용담 선사께서 설법좌說法座에 올라 "이 가운데 대장부가 있어 이빨은 칼숲과 같고 입은 혈분과 같아서 때려도 꿈쩍도 하지 않구나. 훗날 (禪宗의) 높은 봉우리 정상에 우뚝 서서 나의 도를 크게 일으키리라!"고 하셨다. 덕산은 (지고 다니던) 금강경소초를 법당 앞에 쌓아놓고는 "모든 현묘한 이치를 궁구했다고 할지라도 털끝 하나를 허공에 던져 놓은 것과 같고 세간의 이치를 모두 꿰뚫었다고 할지라도 물 한 방울을 깊은 골짜기에 떨어뜨린 것과 같다."고 설파하고 (이어서 그림의 떡으로는 배를 채울 수 없다며) 소초를 태우고 작별인사를 드린 후 떠났다.

【제창提唱】

無門曰: 德山未出關時, 心憤憤, 口悱悱, 得得來南方, 要滅却敎外別傳之旨.

及到澧州路上, 問婆子買點心,

婆云: "大德車子內是甚麽文字?"

山云: "金剛經抄疏!"

婆云: "只如經中道: 過去心不可得, 現在心不可得, 未來心不可得, 大德要點那箇心?"

德山被者一問, 直得口似匾檐

然雖如是, 未肯向婆子句下死却.

遂問婆子: "近處有甚麽宗師?"

婆云: "五里外有龍潭和?"

及到龍潭, 納盡敗闕. 可謂: 是前言不應後語.

龍潭大似憐兒不覺醜, 見他有些子火種, 郎忙將惡水驀頭一澆澆殺.

冷地看來, 一場好笑.

頌曰: 聞名不如見面, 見面不如聞名.
　　雖然救得鼻孔, 爭奈瞎却眼睛.

무문 선사 가로되, 덕산 스님이 깨치지 못하였을 때 입으로 다 말할 수 없이 마음이 분심으로 가득 차 남방南方에 가서, 교리敎理 밖에 특별히 전한다고 하는 선종禪宗을 쓸어 없애 버리겠다고 결심하고 길을 떠나 예주 땅에 이르렀다. 점심때가 되어 길가의 떡집 노파에게 떡을 사 먹으려고 하니 노파가 "스님의 바랑 속에는 무슨 글이 들어 있습니까?"라고 물었다. 덕산 스님이 금강경소초라고 대답하니 노파가 "금강경 가운데 과거의 마음도 얻을 수 없고, 현재의 마음도 얻을 수 없고, 미래의 마음도 얻을 수 없다고 했는데 스님은 어느 마음에 점심을 드시렵니까?"라고 물었다. 이 물음에 덕산 스님의 입이 콱 막혀 버렸다. 이렇게 노파에게 지기는 했으나 그냥 물러나지 않고 근처에 어떤 큰 선지식이 계시냐고 물어, 오 리 밖에 용담 선사께서 계신다고 하자 (아직 아집을 버리지 못한 채) 용담 선사를 찾아뵙고 완전히 패하였다. 가위 앞의 말에 뒤의 말이 따르지 못하는구나. 용담 선사께서 덕산에게 아직 불씨[我相]가 남아 있는 것을 보시고 덕산을 가여운 어린 아이처럼 여겨 급히 구정물을 끼얹어 그 불씨마저 꺼 버렸다. (이에 대해 무문 선사 가로되,) 이를 냉정히 살펴본다면 한바탕 웃음거리에 지나지 않는구나!

   게송으로 가로되,
   이름 듣는 것이 얼굴 보는 것만 못하다는데

(막상) 얼굴을 보니 이름을 들으니만 못하네.
비록 본래면목[鼻孔]을 체득했다고 할지라도
눈이 멀어 버렸음을 어찌할꼬!

군더더기: 혜개 선사의 스승인 월림사관 선사의 〈월림사관선사어록月林師觀禪師語錄〉 가운데 시자侍者 덕수德秀가 엮은 '송고頌古' 편을 보면 '德山初到龍潭 問久嚮龍潭 及乎到來 潭又不見 龍又不現 潭云 子親到龍潭'이란 대목에서 알 수 있듯이 '구향룡담久嚮龍潭'으로 되어 있습니다. 그래서 제목을 '響'에서 그 뜻이 명료한 '嚮'으로 바꾸었습니다. 참고로 이 공안의 제목으로 사실 '취멸지촉吹滅紙燭'이 더 어울립니다.

제29칙 바람도 깃발도 아니네[非風非幡]

【본칙本則】
六祖因風颺刹幡, 有二僧對論, 一云幡動, 一云風動, 往復曾未契理.
祖云: "不是風動! 不是幡動! 仁者心動!" 二僧悚然.

육조혜능 선사, 어느 때 찰간의 깃발이 바람에 날리는데 한 승려는 깃발이 날린다 하고 다른 한 승려는 바람이 움직인다고 하며 서로 자신의 의견이 옳다고 주장할 때 혜능 선사께서 "바람이 움직이는 것도 아니요, 깃발이 움직이는 것도 아니요, 그대들의 마음이 움직이느니라."라고 하시자 두 승려가 송구스러워 했다.

【제창提唱】
無門曰: 不是風動, 不是幡動, 不是心動, 甚處見祖師? 若向者裏見得親切, 方知二僧買鐵得金. 祖師忍俊不禁, 一場漏逗.

頌曰: 風幡心動, 一狀領過.

只知開口, 不覺話墮.

　무문 선사 가로되, 바람이 움직이는 것도 아니고 깃발이 움직이는 것도 아니고 마음이 움직이는 것도 아니니 어떤 것이 육조 대사의 견해인가? 만약에 이에 대하여 꿰뚫어 볼 수 있다면 두 승려가 쇠를 팔아 금을 얻은 격이 됐으나, 육조 대사께서 그 꼴을 보다 못해 참지 못하고, 한 마디 던진 것이 한바탕 웃음거리가 되었다는 것을 알리라!

　게송으로 가로되,
　바람이 움직인다느니 깃발이 움직인다느니 마음이 움직인다느니 하는 것은
　모두 같은 (수준의) 죄목들이네.
　(육조 대사,) 다만 입을 연 것만 알았지
　자신도 모르는 사이에 그르치고 말았네.

군더더기: 만공월면滿空月面(1871-1946) 선사께서 제자들과 배를 타고 간월도看月島로 가시는 도중 산을 가리키며 제자들에게 물으시고 혜암현문慧菴玄門(1885-1985) 스님이 답한데서 유래한 '과해롱주過海弄舟'란 일화가 혜암문도회

에서 발간한 〈조사선祖師禪에로의 길〉(선문출판사, 1987)과 숭산행원崇山行願 (1927-2004) 노사가 지은 〈바람이냐 깃발이냐〉(법보출판사, 1992)에 다음과 같이 들어 있습니다.

만공: 지금 배가 움직이는가? 산이 움직이는가?
혜암: 배도 가지 않고, 물도 가지 않습니다.
만공: 그러면 무엇이 가느냐?
혜암: 손수건을 꺼내 흔들어 보임.
만공: 자네 살림살이가 언제 그렇게 되었나?
혜암: 이렇게 된지 이미 오래입니다.

사실 이 '과해롱주過海弄舟'란 화두는 '비풍비번非風非幡'의 응용화두입니다. 참고로 필자는 이 '과해롱주'에 대해 1997년 1월 화계사에 머무시던 숭산 노사께 입실했을 때 경계를 너무 철저히 제시했는지 "120%의 경계다."라고 점검해 주셨음을 이 지면을 빌어 밝힙니다.

제30칙 마음이 바로 부처니라[卽心卽佛]

【본칙本則】

馬祖因大梅問: "如何是佛?"
祖云: "卽心是佛!"

마조도일馬祖道一(709-788) 선사께 대매법상大梅法常(752-839) 스님이 "어떤 것이 부처입니까?"하고 물으니, 마조 선사께서 "마음이 바로 부처니라!"라고 답하셨다.

【제창提唱】

無門曰: 若能直下領略得去, 著佛衣, 喫佛飯, 說佛話, 行佛行, 卽是佛也. 然雖如是, 大梅引多少人, 錯認定盤星. 爭知道說箇'佛'字三日漱口! 若是箇漢, 見說'卽心是佛', 掩耳便走.

頌曰: 靑天白日, 切忌尋覓.
　　　更問如何, 抱贓叫屈.

무문 선사 가로되, 만약 '즉심시불卽心是佛'에 바로 알아차리면 부처의 옷을 입고 부처의 밥을 먹으며 부처의 가르침을 설하고 부처의 행을 실천하며 살아가게 되니, 즉시 부처니라! 그건 그렇다하더라도 대매로 인해 많은 사람들이 저울 눈금을 잘못 읽게 됨을 어찌할꼬? 어찌 이 '불佛'이라는 자字를 입에 담기만 해도 삼 일 동안 양치질을 해야 한다는 것을 모르는가! 만약 대장부라면 '마음이 곧 부처니라!'라고 말하는 것을 듣는 즉시 귀를 막고 도망치리라!

게송으로 가로되,
밝은 대낮에
부처를 찾으면 안되지!
(그럼에도 불구하고) 또 다시 (부처가) 무엇이냐고 묻는 것은
훔친 물건을 껴안고 (나는 도둑이 아니라고) 절규하는 격이네.

군더더기: 무문 선사께서는 게송偈頌에서 다수 어록語錄에서 두루 쓰이고 있는 '포장규굴'이라는 선어禪語를 골라 뽑아, 수행자들이 밖으로 헤매며 '부처'를 구하고 있는 것에 대해 경종을 울리며 극명克明하게 제창提唱하고 있습니다.

제31칙 조주, 노파를 감정하다[趙州勘婆]

【본칙本則】

趙州因僧問婆子:"臺山路向甚處去?"
婆云:"驀直去!"僧纔行三五步,
婆云:"好箇師僧, 又恁麽去!"
後有僧擧似州, 州云:"待我去與爾勘過這婆子!"
明日便去, 亦如是問, 婆亦如是答, 州歸謂衆曰:"臺山婆子, 我與爾勘破了也!"

조주趙州 스님께 어느 때 한 승려가 노파에게 오대산으로 가는 길을 물었다. 노파가 '이리로 곧장 가시오.'라고 알려주었다. 승려가 그쪽으로 서너 걸음을 옮겨놓자 노파가 '멀쩡한 승려가 또 저렇게 가는구나.'라고 말하였다.

뒤에 한 승려가 이 일을 조주 스님께 알리자 조주 스님, 기다려라. 내가 가서 그대를 위하여 이 노파를 감정하겠노라. 다음날 조주 스님께서 노파에게 똑같이 오대산 가는 길을 물었더니, 노파 역시 똑같이 대답하였다. 조주 스님께서 돌아와 대중들에게 '오대산 노파, 내가 그대들을 위하여 감파하고 왔느니라.'고 말했다.

【제창提唱】

無門曰: 婆子只解坐籌帷幄, 要且著賊不知. 趙州老人善用偷營劫塞之機, 又且無大人相. 撿點將來, 二俱有過. 且道: 那裏是趙州勘破婆子處?

頌曰: 問卽一般, 答亦相似.
　　　飯裏有砂, 泥中有刺.

무문 선사 가로되, 노파가 막사 속에 앉아서 작전 계획을 세울 줄은 알았어도 도적이 들 줄은 몰랐네. 조주 늙은이가 비록 요새를 유린하는 기지機智를 잘 발휘하였으나 이 또한 대인大人이 할 짓은 아니네. (세밀히) 점검해 보면 두 분 모두 허물이 있느니라. (그건 그렇다 하더라도) 자! 일러 보아라. 어디가 이 조주 선사께서 노파를 감정한 곳인가?

게송으로 가로되,
물음이 똑같으니,
대답 또한 같네.

(하지만 비유컨대 조주 선사의 물음에는)
밥에 모래가 들어 있고,
진흙 속에 가시가 있는 것과 같네.

군더더기: 황룡혜남黃龍慧南(1002-1069) 선사는 처음에 운문종의 늑담회징泐潭懷澄 선사 밑에서 법기法器를 인정받고 한동안 (깨달았다는 착각 속에) 설법을 했었는데, 뒤에 석상초원石霜楚圓(986-1039) 선사 문하에서 창피를 무릅쓰며 '조주감파'를 점검받고 철저히 깨달은 다음 지은, 아래 게송을 이런 배경 속에서 깊이 음미해 보면 좋겠습니다.

총림의 걸출한 조주 선사님!
노파를 감정한 일, 이유 있었네.
지금 온 천하가 거울처럼 맑으니
수행자가 (이제) 망신스럽게 길 묻는 일 없게 되었네.

傑出叢林是趙州
老婆勘破有來由
而今四海淸如鏡
行人莫與路爲讐

제32칙 외도가 세존께 묻다[外道問佛]

【본칙本則】

世尊因外道問: "不問有言, 不問無言!" 世尊據座.

外道贊歎云: "世尊大慈大悲, 開我迷雲, 令我得入." 乃具禮而去.

阿難尋問佛: "外道有何所證, 贊歎而去?"

世尊云: "如世良馬, 見鞭影而行!"

세존께 한 외도가 물었다. "유언有言도 묻지 않고 무언無言도 묻지 않겠습니다." 이에 세존은 묵묵히 앉아 계셨다.

외도가 "세존께서 대자 대비하시어 저의 어두운 마음을 열어 주시어 저로 하여금 깨닫게 하셨습니다."라고 찬탄하고 갖추어 예를 드리고 갔다.

이를 본 아난이 세존에게 물었다. "저 외도가 무엇을 깨쳤기에 저렇게 찬탄합니까?"

세존께서 "준마駿馬는 채찍 그림자만 보고도 달리는 것과 같으니라."라고 답하셨다.

【제창提唱】

無門曰: 阿難乃佛弟子, 宛不如外道見解. 且道: 外道與佛弟子相去多少?

頌曰: 劍刃上行, 冰稜上走,
　　　不涉階梯, 懸崖撒手.

무문 선사 가로되, 아난은 불제자인데 외도의 견해만도 못하구나. 자! 일러 보아라. 외도와 불제자와의 수준차이가 어느 정도인가를!

게송으로 가로되,
칼날 위를 걸으며,
살얼음 위를 달리네.
사다리를 밟지 않고,
낭떠러지에서 잡은 손마저 놓아버리네.

군더더기: 혜개 선사께서는 비록 십대제자로 잘 알려진 아난존자라고 할지라도 아직 깨치기 전에는 석가세존의 법문을 아무리 머리속에 많이 기억하고 있는 골

수 불제자라고 하더라도, 깊은 통찰체험이 없으면 외도보다도 형편없는 수준이라는 점을 분명하게 제창하고 있습니다.

제33칙 마음도 부처도 아니니라[非心非佛]

【본칙本則】

馬祖因僧問:"如何是佛?"祖曰:"非心非佛!"

마조도일 선사께 한 승려가 "어떤 것이 부처입니까?"라고 물으니 마조 선사께서 "마음도 부처도 아니니라!"라고 대답하셨다.

【제창提唱】

無門曰: 若向者裏見得, 參學事畢!

頌曰: 路逢劍客須呈, 不遇詩人莫獻.
　　　逢人且說三分, 未可全施一片.

무문 선사 가로되, 만약 이 속을 (철저히) 꿰뚫어 볼 수 있다면 공부를 다 마친 것이니라!

게송으로 가로되,

길에서 검객을 대할 때나 칼을 쓰고
시인 아닌 이를 만나서는 시를 읊지 말라.
수행자를 만나면 '열 가운데 셋' 만 설하고,
전부[一片]를 설하지는 말라!

군더더기: 〈오등회원〉 가운데 늑담회징泐潭懷澄 선사의 제자인 대각회련大覺懷璉 (1007-1090) 선사가 '봉인기가삼분어逢人祇可三分語 미가전포일편심未可全抛一片心' 이란 유사한 선어禪語를 처음 사용했는데 〈명심보감〉 '언어편言語篇'에서도 이를 인용하고 있다.

한편 이 공안은 제30칙에서 마조 선사께서 대매에게 열 가운데 셋에 해당하는 '卽心是佛' 이라고만 설했지만 즉시 열을 꿰뚫었던 대매를, 훗날 마조 선사께서 대매에게 시자를 보내어 '非心非佛' 로 다시 점검을 하시자 이미 열을 꿰뚫고 있음을 즉시 드러내 보인 일화를 소재로 다루고 있습니다. 사실 선 공부는 이렇게 해야지 제대로 힘을 얻을 수 있기 때문에 '열 가운데 셋' 정도를 설하는 스승을 만나는 것이 수행의 지름길입니다. 그런데 만일 친절이 지나쳐 아홉이나 열을 설하는 스승을 만나면 그 문하를 즉시 떠나십시오. 또한 불친절하게 하나나 둘을 설하는 스승을 만나도 그 문하를 즉시 떠나십시오. 결코 수행에 도움이 되지 않습니다!

제34칙 지혜는 도가 아니니라[智不是道]

【본칙本則】

南泉云: "心不是佛! 智不是道!"

남전보원(748-834) 선사 가로되, "마음은 부처가 아니며, 지혜는 도가 아니니라."

【제창提唱】

無門曰: 南泉, 可謂: 老不識羞, 纔開臭口, 家醜外揚. 然雖如是, 知恩者少!

頌曰: 天晴日頭出, 雨下地上濕.
　　　盡情都說了, 只恐信不及.

무문 선사 가로되, 남전 선사께서 수치를 무릅쓰고 악취 나는 입을 조금 열자, 집안의 추한 모습이 몽땅 드러났네. 그러나 이와 같다 할지라도 그 은혜를 아는 사람이 과연 몇이나 되랴!

게송으로 가로되,
하늘이 맑으니 해가 솟아오르고,
비가 내리니 땅이 촉촉이 젖는구나.
(남전 선사께서) 온 정성을 다해 설하셨으나,
다만 (수행자들의) 믿음이 미치지 못함을 걱정하노라!

군더더기: 믿을 '신(信)'이란 글자를 풀어보면, '信 = (聖)人 + 言'으로 되어 있습니다. 즉 '(참나를 온몸으로 바르게 통찰한 성스러운) 사람의 말은 믿을 수 있다'는 뜻입니다. 사실 수행의 지름길은 100% 신뢰할 수 있는 바른 스승을 찾은 다음, 의심 없이 그 문하에서 치열하게 수행하다 보면, 어느 때인가 자연스럽게 깊은 통찰체험을 하게 됩니다.

제35칙 천녀가 두 혼백으로 나뉘다 [倩女離魂]

【본칙本則】
五祖問僧云: "倩女離魂, 那箇是眞底?"

어느 때 오조법연五祖法演(1024-1104) 선사께서 한 승려에게 "천녀이혼인데 어느 쪽이 진짜인고?"라고 물었다.

【제창提唱】
無門曰: 若向者裏悟得眞底, 便知出殼入殼如宿旅舍. 其或未然, 切莫亂走.
驀然地水火風一散, 如落湯螃蟹, 七手八脚, 那時莫言不道!

頌曰: 雲月是同, 溪山各異.
　　　萬福萬福, 是一是二?

무문 선사 가로되, 만약 이에 대해 꿰뚫어 보아 진짜를 가려낼 수 있다면, 곧 껍질에서 나오고 껍질로 들어감이 여관에서 유숙하는 것과 같음을 알리라. (그러나) 그러한 이치를 혹시 아직 모른다면 함부로 어지러이 날뛰지 말라. 갑자기 육신이 물·불·바람·흙으로 일시에 흩어지려할 때, 끓는 물속에 떨어진 대게가 손과 발을 허우적대는 것과 같으니, 그때 내가 일러주지 않았다고 원망하지 말라.

    게송으로 가로되,
    구름과 달은 같으나
    골짜기와 산은 각기 다르네.
    얼씨구 좋구나!
    (과연 천녀!) 이 하나인가 둘인가!

군더더기: 이 화두는 당나라 시대의 전기傳奇 소설에 나와 있는 다음과 같은 이야기에서 유래합니다.

'형주衡州에 사는 장감張鑑이란 사람의 장녀에 천녀倩女라는 미녀가 있었고 장감의 외조카인 왕주王宙란 미남이 있어서 서로 간에 결혼을 약속한 사이였다. 그런데 장감은 후에 딸 천녀를 부잣집 아들인 빈료賓僚에게 출가시키기로 했다. 천녀는 한사코 이를 거절했으나 엄한 아버지의 명령이라 어찌할 도리가 없어 고민하다가 그만 상사병이 걸려 병석에 눕게 되었다. 왕주도 화가 나서 고향을 떠나 멀리 타향에 가서 살기로 작정하고 배를 탔다. 강 언덕에 배가 닿으려고 할 무렵 어떤 여자가 "여보!" 하고 부른다. 왕주가 돌아 보니 천녀였다. 이게 웬일이냐고 하며 두 남녀는 얼싸 안고 기쁨의 눈물을 흘렸다. 그 후 촉蜀으로 가서 두 사람은 오년 동안 같이 살면서 아들을 하나 낳아 단란한 가정을 이루고 있었다. 그러던 중 천녀는 고향 부모가 그리워 왕주에게 말하기를 "우리가 아들까지 낳았으니 이제 와서 부모님도 어찌는 못하실 것이니 고향에 돌아가서 부모님께 과거를 사죄하고 정식으로 부부가 되기를 간청합시다."라고 하기에 왕주도 이에 동의하여 고향으로 돌아가기로 했다. 왕주가 배에서 내려 장인 되는 장감을 찾아뵙고 지난 일을 낱낱이 이야기했다. 그러자 장감은 깜짝 놀라며 하는 말이 "천녀는 그 후 병석에 누워 있는데 그게 무슨 말이냐?"고 반문을 했다. 왕주는 그럴 리가 없다고 하며 문밖에 있던 천녀를 데려오자 병중의 천녀가 이를 맞아 두 천녀가 한 몸이 되었다.'는 이야기입니다.

이를 바탕으로 본래 문제로 돌아가겠습니다. 오조법연 스님이 어느 때 제자에게 "집에서 병석에 누워 있는 천녀와 애인 왕주를 따라 촉나라에 가서 동거 생활을 하면서 아이까지 낳은 천녀 가운데 어느 쪽이 진짜인가?" 하고 물었습니다. 이 화두는 법연 스님이 천녀에 관한 전설을 빌어다가 제자들의 시공관을 점검한 화두라 생각됩니다. 공간적으로 병석에 누워있는 천녀와 왕주를 따라간 천녀가 서로 멀리 떨어져 있었으며 시간적으로 오년이란 세월이 흐른 후 다시 결합하였습니다. 어떻게 시간과 공간을 뛰어넘어 이 두 천녀 가운데에서 진짜를 골라 오조법연 스님 앞에 내놓을 수 있겠습니까? 바른 시공관을 가진 제자라면 즉시 내놓을 수 있을 것입니다. 이 화두도 역시 천녀가 주인공인 것 같으나 오조법연 스님 앞에 버티고 서 있는 제자 자신이 문제인 것입니다. 아니 우리들 자신이 문제인 것입니다. 사실 우리들 대부분은 살아가는 순간순간 분리되었던 두 천녀처럼 늘 이원적二元的인 분별심을 일으키고 온갖 번뇌 망상 속에서 참나[眞我]를 놓치고 지내고 있기 때문입니다. 자! 어떻게 하면 가짜 나[假我]에 끄달리지 않고 참나로 당당하게 살아갈 수 있겠습니까? '천녀이혼'의 경계가 뚜렷이 서게 된다면 누구에게 따로 물어볼 필요도 없이 스스로 자명할 것입니다.

참고로 중국의 장자가 꿈에 나비가 되어 하늘을 훨훨 날아다니다가 깨어 하는 말이 "내가 나비된 꿈을 꾸었던가? 나비가 사람 되는 꿈을 꾸었던가?"라고 술회한 적이 있다고 합니다. 즉 꿈속의 시공간과 현실의 시공간을 무엇으로 구별할 것인가? 현실이라고 생각하는 것이 꿈속의 생각이고 꿈속이 진짜 현실인지 어떻게 구별할 수 있겠는가?를 직접 체험해 보시기 바랍니다.

한편 법연 선사께서 당시 유행하던 '천녀유혼倩女幽魂'이란 괴기소설까지 끌어다가 한 사람이라도 더 깨우쳐 주려고 노심초사한 흔적을 엿볼 수 있습니다.

제36칙 길에서 달도인을 만나다[路逢達道]

【본칙本則】

五祖曰: "路逢達道人, 不將語默對!
且道: 將甚麽對?"

오조법연 선사 가로되, "길에서 달도인을 만났을 때 말이나 침묵으로 대하지 마라. 자! 일러 보아라! 어떻게 대할 것인가?"

【제창提唱】

無門曰: 若向者裏對得親切, 不妨慶快! 其或未然, 也須一切處著眼!

頌曰: 路逢達道人, 不將語默對,
　　　攔腮劈面拳, 直下會便會.

무문 선사 가로되, "만약 이에 대하여 바르게 응대할 수 있다면 그 어찌 즐겁지 않겠는가! 그러나 혹 그렇지 못하다면 모름지기 (정신 똑바로 차리고) 모든 곳에 주의를 기울이게!"

게송으로 가로되,
길에서 통달通達한 도인道人을 만나거든
말이나 침묵으로 대하지 마라.
(그러나 머뭇거리는 놈이 있다면)
(도인이여!) 뺨따귀를 주먹으로 후려치시라!
(그러면) 즉시 알 놈은 곧 알아차리리라!

군더더기: 조동종曹洞宗 소속 운거도응雲居道膺 선사의 법사法嗣인 동안도비同安道丕 선사가 한 승려와 주고받은 문답이 〈五燈全書〉에 다음과 같이 기록되어 있습니다.

'한 승려가 물었다. 길에서 달도인達道人을 만나거든 말이나 침묵으로 대하지 말라고 하는데 잘 모르겠습니다. 어떻게 대해야 하겠습니까? 그러자 동안도비 선사께서 가로되, 발길질도 하고 주먹질도 하게!'[僧問 '路逢達道人 不將語默對' 未審 將甚麽對? 師曰 要踢要拳!]

참고로 우리나라 출신의 회철回撤 선사, 이엄利嚴 선사 및 여엄麗嚴 선사가 바로 운거도웅 선사의 제자들입니다.
한편 요즈음 학교에서 체벌로 사랑의 매조차 줄 수 없습니다. 사실 선종禪宗에서는 스승이 제자의 정신을 차리게 하기 위해 매질을 포함해 수단과 방법을 가리지 않았었습니다. 그런데 오늘날은 선종도 분위기가 바뀌어 야단조차 함부로 칠 수 없는 시대를 맞이하고 있는 것 같습니다.

사실 저도 매질과 야단맞기에 대해 그리운 추억이 있습니다. 고1 때 학교 앞 친구 집에서 시험공부를 하다가 늦잠을 자는 바람에 지각해 담임선생님으로부터 대걸레 자루로 종아리를 매우 세게 다섯 대나 맞고 걷지도 못할 정도가 되어서야 고3 졸업할 때까지 다시는 지각하지 않은 일이 있습니다. 또한 종달 노사님으로부터 크게 야단맞은 일이 한 번 있었는데 저를 정신 차리게 한 이 일들은 늘 두고두고 그립습니다.

제37칙 조주, 뜰 앞의 잣나무니라고 외치다[庭前柏樹]

【본칙本則】

趙州因僧問: "如何是祖師西來意?"
州云: "庭前柏樹子!"

조주 스님께 어느 때 한 승려가 묻기를, '조사가 서쪽에서 오신 뜻이 무엇입니까?' 조주 스님 가로되, '뜰 앞의 잣나무니라.'

【제창提唱】

無門曰: 若向趙州答處見得親切, 前無釋迦, 後無彌勒!

頌曰: 言無展事, 語不投機,
　　　承言者喪, 滯句者迷.

무문 선사 가로되, 만일 조주 스님의 답처答處를 꿰뚫어 볼 수 있다면 그 앞에는 석가세존도 (필요) 없고, 뒤에는 미륵불 또한 (필요) 없으리라!

게송으로 가로되,
말로는 (깨침에 관한) 일을 표현할 수 없고
글로는 (지혜의) 활작략을 드러낼 수 없네.
말을 쫓으면 목숨을 잃고
글에 걸리면 미혹하리라.

군더더기: '前無釋迦 後無彌勒'은 불교 가운데에서도 선종禪宗에서만이 가능한 선어禪語입니다! 즉, 석가세존이나 미륵불이나 역대조사 그 누구에게도 집착해 걸리지 않는 경계를 체득하라고 다그치고 있는 것입니다!
한편 '語不投機'와 유사한 표현이 〈명심보감〉의 언어편言語篇에 다음과 같이 들어 있다.

'술은 벗[知己]을 만나서 마시면 천 잔이라도 적고, 말은 조짐[기미機微]을 파악해 때를 맞추지 못하면 한 마디도 많네.[酒逢知己千鍾少 話不投機一句多]'

제38칙 소가 창살 사이로 지나가다[牛過窓櫺]

【본칙本則】

五祖曰:"譬如水牯牛過窓櫺, 頭角四蹄都過了, 因甚麽尾巴過不得?"

오조법연 선사께서 "비유컨대 물소가 창살 사이로 나올 때 머리와 네 발은 모두 나왔는데 꼬리가 나오지 못한 것과 같으니, 무엇 때문에 꼬리는 빠져 나오지 못하는가?"라고 이르셨다.

【제창提唱】

無門曰: 若向者裏顚倒著得一隻眼 下得一轉語, 可以 上報四恩, 下資三有.
其或未然, 更須照顧尾巴始得.

頌曰: 過去墮坑塹, 回來却被壞,
　　　者些尾巴子, 直是甚奇怪.

무문 선사 가로되, 만약 이에 대하여 (상식과는) 반대로 '지혜의 안목[一隻眼]'으로 꿰뚫어 보고 바르게 한마디 이를 수 있다면, 위로는 네 가지 은혜에 보답할 것이고 아래로는 삼유[衆生]를 도우리라. 혹 그렇지 못하다면 다시 꼬리를 세밀히 살펴보아야 비로소 얻으리라.

게송으로 가로되,
지나가면 구덩이에 빠지고
되돌아가면 무너져버리네.
이 하찮은 꼬리!
참으로 기괴하구나.

군더더기: 공간에 존재하는 대상인 소와 이 소가 살창을 지나간다는 시간적인 경과가 담겨 있으나 문제는 커졌습니다. 지나간다면 다 지나갈 것이지 하필이면 왜 꼬리만 남겨 놓고 지나갔겠습니까? 도저히 온전한 소일 수는 없습니다. 이 화두도 역시 왜 꼬리는 지나가지 못할까? 하는 물음을 강하게 제자들에게 던져 제자들을 일깨우기 위한 법연 스님의 활수완이 담겨 있는 것입니다.
한 걸음 더 나아가 무문 스님은 송頌 하기를 "지나가면 구덩이에 빠지고 돌아오면 도리어 괴壞한다. 이 조그만 꼬리! 참으로 기괴奇怪하구나."라고 하였습니다. 즉 소꼬리가 지나갔다고 하면 구덩이에 빠지고 지나가지 않았다 하면 스스로 괴한다고 했습니다. 따라서 지나갔다든지 지나가지 못했다든지 어느 쪽으로 대답

해야 할 터인데 지나갔다고 하면 구덩이에 빠지고 돌아서자니 망신만 당할 것이니 진퇴양난이 아닐 수 없습니다.

참고로 한국 사람들은 소꼬리를 그저 언젠가는 한 줌 재가 될 몸보신에만 이용해오고 있으나 법연 스님은 참 나를 찾는데 이용했으니 한번 잘 돌이켜 참구해 볼 일이라 생각됩니다.

제39칙 운문, 말실수했느니라 [雲門話墮]

【본칙本則】

雲門因僧問: "光明寂照遍河沙…." 一句未絕,
門遽曰: "豈不是張拙秀才語?" 僧云: "是!"
門云: "話墮也!"
後來死心拈云: "且道: 那裏是者僧話墮處?"

운문 선사께 한 승려가 물었다. "광명이 하사에 두루 고요히 비치니…" 한 구절이 채 끝나기도 전에 운문 스님이 갑자기 가로되, "그것은 장졸수재의 말이 아닌가?" 이 승려가 가로되, "그렇습니다."

운문 스님 가로되, "말실수했느니라."

후에 사심 스님이 이 일에 대하여 가로되, "말해 보아라. 어디가 이 승려가 말실수한 곳인지를?"

【제창提唱】

無門曰: 若向者裏見得, 雲門用處孤危, 者僧因甚話墮, 堪與人天爲師.

若也未明, 自救不了!

頌曰: 急流垂釣, 貪餌者著,
　　　口縫纔開, 性命喪却.

무문 선사 가로되, 만약 이 말에 대하여 운문 스님의 고준한 용처와 이 스님의 말실수한 것을 꿰뚫어 볼 수 있다면, 가히 인천의 스승이 될 수 있으리라! 그러나 만일 아직 그렇지 못하면 자기 자신도 구하지 못하리라!

게송으로 가로되,
급류에 낚시를 드리우면
미끼를 탐내는 놈은 (반드시) 걸려드네.
(이때) 입술을 조금만 벌려도
목숨을 잃으리라!

군더더기: 참고로 거사居士였던 장졸수재張拙秀才는 약산–도오–석상의 법계를 이은 당나라 때의 선사로 다음과 같은 오도송悟道頌을 남겼습니다.

고요한 빛이 온 누리를 비추니
범부와 성현이 모두 한 집안일세.
한 생각도 일지 않으면 몽땅 드러나지만
육근이 조금이라도 움직이면 (몽땅) 가려지네.

번뇌는 끊으려 하면 병이 더 깊어지고
진리는 구할수록 사견만 일어나네.
모든 인연 따라 걸림 없으면
열반이니 생사니 모두가 다 헛것일세.

光明寂照遍河沙
凡聖含靈共我家
一念不生全體現
六根纔動被雲遮

斷除煩惱重增病
趣向菩提亦是邪
隨順衆緣無罣碍
涅槃生死是空華

덧붙여 이 게송의 또 다른 교훈은 재가수행자일지라도 남녀노소를 불문하고 누구나 바른 스승 문하에서 치열하게 수행한다면 장졸 거사와 같은 이런 경지를 체득할 수 있다는 이야기입니다.

제40칙 물병을 발로 차버리다 [趯倒淨瓶]

【본칙本則】

潙山和尙始在百丈會中充典座.

百丈將選大潙主人, 乃請同首座對衆下語, 出格者可往.

百丈遂拈淨瓶置地上, 設問云: "不得喚作淨瓶, 汝喚作甚麼?"

首座乃云: "不可喚作木㮮也."

百丈却問於山, 山乃趯倒淨瓶而去.

百丈笑云: "第一座輸却山子也!

因命之爲開山.

위산영우潙山靈祐(771-853) 화상이 백장 선사의 회상에서 전좌역을 맡고 있었다. 백장 스님께서 장차 대위산의 주인을 뽑으려고 수좌를 비롯해 모든 대중들을 함께 모아 역량이 뛰어난 자를 보내겠다고 하셨다. 드디어 백장 스님께서 물병[淨瓶]을 땅에 내려놓고 가로되, "물병이라 부르면 안 된다. 그대들은 무엇이라 부르겠는가?" 수좌가 곧 가로되, "나무말뚝[木㮮]이라고 부를 수는 없습니다." 백장 스님께서 위산에게 물으니 위산이 즉시 물병을 걷어차고 나갔다. 백장 스님께서 웃으며 가로되, "제일좌! 자네가 시골촌놈에게 졌느니라." 그리고는 위산에게 (대위산으로 가서) 개산하라고 명하셨다.

【제창提唱】

無門曰: 潙山一期之勇, 爭奈跳百丈圈圚不出. 檢點將來, 便重不便輕.
何故? 聻! 脫得盤頭, 擔起鐵枷!

頌曰: 颺下笊籬幷木杓, 當陽一突絶周遮.
　　　百丈重關攔不住, 脚尖趯出佛如麻.

무문 선사 가로되, 위산이 그때 용기를 내었는데 어째서 백장의 속셈에서 벗어나지 못했는가? 자세히 살펴보니 막중한 소임을 택하고 사소한 소임은 내던져 버렸네. 왜 그럴까? 머리띠를 풀어버리고 쇠칼을 목에 찼구나.

게송으로 가로되,
조리와 주걱을 던져버리고
정면에서 물병을 차버려 분별을 끊어버렸네.

백장의 겹겹의 관문도 (그런 그를 더 이상) 막지 못했으며,
(물병을 차버린 그의) 발끝에서 대마씨(와 좁쌀알)처럼 수많은 부처가 나왔네.

군더더기: 〈벽암록〉 제66칙 '암두수황소검巖頭收黃巢劍'에 보면 '여마사속如麻似粟'이란 표현이 나오는데 그 뜻은 대마씨나 좁쌀알처럼 셀 수 없이 많다는 것으로, 여기서는 선종어록에 들어 있는 선어들을 자유자재로 활용하는 무문혜개 선사께서 자구字句를 맞추기 위해 '사속似粟'은 생략했다고 보여집니다. 사실 위앙종潙仰宗의 창시자인 위산 선사는 대위산大潙山에 주석하면서 1,500여 대중大衆이나 거느렸다고 기록되어 있기 때문에 무문혜개 선사가 이 게송을 통해 이 점을 잘 드러내고 있다고 볼 수 있습니다.

제41칙 달마, 혜가를 안심시키다 [達磨安心]

【본칙本則】

達磨面壁, 二祖立雪斷臂,

云: "弟子心未安, 乞師安心."

磨云: "將心來, 與汝安!"

祖云: "覓心了不可得."

磨云: "爲汝安心竟!"

보리달마菩提達磨(?-528) 대사께서 면벽을 하며 (대꾸도 않고) 있으니 이조혜가二祖慧可(487-593) 스님이 눈 위에서 팔을 자르고 말하기를, "제자의 마음이 편하지 않으니 스승께서 마음을 편안하게 해 주십시요." 달마 대사 가로되, "마음을 가져오너라! 내 그대를 위해 편안하게 해 주리라!" 이조 가로되, "마음을 구하려 해도 구할 수 없습니다." 달마 대사 가로되, "그대를 위해 (가져올 수도 없는 그) 마음을 편안하게 하였노라!"

【제창提唱】

無門曰: 缺齒老胡, 十萬里航海特特而來. 可謂: 是無風起浪. 末後接得一箇門人, 又却六根不具. 咦! 謝三郎不識四字!

頌曰: 西來直指, 事因囑起;
　　　撓聒叢林, 元來是爾.

무문 선사 가로되, 이빨 빠진 인도 오랑캐[달마]가 십만 리를 항해하여 힘들게 온 것은 가히 바람도 없는데 파도를 일으킨 격이로구나. (또한) 뒤늦게 한 제자를 얻었으나 육근이 불구로구나. (게다가) 피식(참지 못하고 튀어나오는 비웃음)! 사씨네 셋째 아들은 낫 놓고 기역자도 모르는구나!

게송으로 가로되,
서쪽에서 중국으로 건너와 (人心을) 바로 가리켰는데,
(번잡한) 일은 (혜가에게 법을) 부촉한 것이 원인이 되어 일어났네.
(그 결과) 총림이 시끄럽게 되었는데
원래 (그 장본인이 바로) 당신 달마이셨구려!

군더더기: 이 화두의 경계와는 별개로 수행자라면 팔 하나를 잘라 스승께 제시할 정도의 굳건한 도심道心을 갖지 않으면 제대로 수행을 지속할 수 없다는 교훈도 주고 있습니다. 참고로 종달 노사님 문하에 1965년부터 1990년까지 25년 동안 1,000명 이상이 입문했으나 '無'字 초관初關을 투과한 사람이 65명이었으며 그 가운데 끝까지 〈무문관〉 점검을 마친 분이 모두 10인(입적入寂 등으로 현재 5인만이 법사직 수행 중)이었다는 것도 한 증거 사례라고 할 수 있습니다.

제42칙 여인이 선정에서 나오다[女子出定]

【본칙本則】

世尊昔因文殊至諸佛集處, 值諸佛各還本處.

惟有一女人近彼佛坐, 入於三昧.

文殊乃白佛: "云何女人得近佛座, 而我不得?"

佛告文殊: "汝但覺此女, 令從三昧起, 汝自問之!"

文殊遶女人三匝, 鳴指一下, 乃托至梵天, 盡其神力而不能出.

世尊云: "假使百千文殊, 亦出此女人定不得! 下方過一十二億河沙國土, 有罔明菩薩能出此女人定!"

須臾罔明大士從地湧出, 禮拜世尊.

世尊勅罔明, 却至女人前, 鳴指一下, 女人於是從定而出.

세존 옛날 어느 때 문수文殊가 제불諸佛이 모인 곳에 이르자, 제불이 모두 각각 (있어야 할) 본처本處로 돌아감을 보았다. (그런데) 다만 한 여인女人이 있어, 세존 가까운 곳에서 선정禪定에 들어 있다. 문수 곧 세존께 아뢰어 가로되, "어째서 여인은 세존 가까이 갈 수 있고, 저는 가까이 갈 수 없는 것입니까?"(그러자) 세존께서 문수에게 고하기를, "그대가 다만 이 여인을 선정에서 깨워 그대 스스로 그 까닭을 물어보거라." 문수가 여인의 주위를 3번 돌며 손가락을 한번 튕기고 그녀를 범천梵天에까지 들어 올려서 그 신통력神通力을 다 부려보았으나, 그녀를 선정에서 나오게 할 수가 없었다. 세존께서 가로되, "비록 백천百千의 문수가 와도 이 여인을 선정에서 나오게 할 수는 없을 것이다. (그렇지만) 땅속으로 일십이억一十二億개나 되는 갠지스강변의 모래처럼 무수하게 많은 국토를 지난 곳에 망명罔明 보살이 있는데 그가 능히 여인의 정定을 깨울 수가 있을 것이다. 그러자 곧 망명이 땅에서 솟아 나와서 세존께 예배禮拜했다. 세존께서 (여인의 정을 깨우도록) 그에게 명하니, 망명이 여인의 앞에 이르러 손가락을 한 번 튕기자 여인이 즉시 선정에서 깨어났다.

【제창提唱】

無門曰: 釋迦老子做者一場雜劇, 不同小小! 且道: 文殊是七佛之師, 因甚出女人定不得? 罔明初地菩薩, 爲甚却出得? 若向者裏見得親切, 業識忙忙, 那伽大定!

頌曰: 出得出不得, 渠儂得自由.

神頭并鬼面, 敗闕當風流.

 무문 선사 가로되, 석가 늙은이가 일장의 연극을 연출했는데 시시한 것들과는 격이 달랐네. 자! 말해 보아라. 문수는 칠불七佛의 스승인데 어째서 여인을 선정에서 나오게 하지 못했는가? (반면) 망명은 제일 낮은 지위의 보살인데 어째서 (여인을 선정에서) 나오게 할 수 있었는가? 만약 이에 대해 제대로 꿰뚫어 볼 수 있다면 끝없는 업식의 삶[중생의 삶] 그대로, 큰 용[부처]이 삼매에 든 경지이리라!

 게송으로 가로되,
 깨울 수 있는 것도 깨울 수 없는 것도
 두 사람 각자의 자유이네!
 신선神仙의 탈과 도깨비의 탈(을 쓰고 벌린 한바탕 연극에서)
 (성공한 놈도) 실패(한 놈도) 또한 당연히 멋진 풍류인 것을!

군더더기: 이 일칙一則은 본래 〈제불요집경諸佛要集經〉이라는 인도 경전 속에 나오는 비유적인 우화寓話에 의한 것이지만 수행자들의 심안연마心眼鍊磨를 위한 공안으로서 전혀 다른 이야기로 바뀌어 활용되어졌습니다. 그러므로 원전原典에 관계없이 공안公案으로서의 독자적인 사명을 중심으로서 보아야 할 것입니다.

제43칙 수산, 죽비로 다그치다 [首山竹篦]

【본칙本則】

首山和尙拈竹篦示衆云: "汝等諸人! 若喚作竹篦則觸, 不喚作竹篦則背.
汝諸人! 且道: 喚作甚麽?

수산성념首山省念(926-993) 스님께서 죽비를 들고 대중에게 이르시기를 그대들이 만약 이것을 죽비라고 부른다면, (명칭에 집착해) 즉시 저촉抵觸될 것이요, 반대로 죽비라고 부르지 아니 하면, (무례를 범하는 것으로) 역시 위배違背될 것이니 그대들이여! 자, 말해 보아라! 무엇이라고 불러야 하겠는가?

【제창提唱】

無門曰: 喚作竹篦則觸, 不喚作竹篦則背! 不得有語, 不得無語. 速道! 速道!

頌曰: 拈起竹篦, 行殺活令,
　　　背觸交馳, 佛祖乞命.

무문 선사 가로되, 죽비라고 부르면 저촉되고 죽비라고 부르지 않으면 위배된다고 하니 말로 응답해도 안 되고 침묵으로 응대해도 안 된다! 속히 말해 보아라!

게송으로 가로되,
죽비를 들어올려
사람을 죽이고 살리는 영을 내려
배촉背觸으로 다그치니
부처와 조사들조차 목숨을 구걸하리라!

군더더기: 대혜 선사의 어록에 보면 '수산죽비'에 대해 다음과 같이 노래하고 있습니다.

저촉되거나 위배되는 것은 가려 감추려는 것이 아니라
분명하게 그대로 드러내는 것이네.
취모검을 아직 뽑지도 않았는데
도처에 칼과 창이로구나.

背觸非遮護
明明直擧揚
吹毛雖不動
遍地是刀槍

이들 두 게송을 비교해 보면 간화선 수행체계를 확립한 대혜 선사의 좀 더 서술적인 게송과 간화선 수행체계를 완성한 무문혜개 선사의 정곡을 찌르는 간결하고 명쾌한 게송이 좋은 대비를 이루고 있습니다.

제44칙 파초, 주장자로 다그치다 [芭蕉拄杖]

【본칙本則】

芭蕉和尙示衆云: "爾有拄杖子, 我與爾拄杖子; 爾無拄杖子, 我奪爾拄杖子!"

파초혜청芭蕉慧淸 화상이 대중에게 가로되, "그대에게 주장자가 있으면 내가 그대에게 주장자를 줄 것이고, 그대에게 주장자가 없으면 내가 그대의 주장자를 빼앗으리라."

【제창提唱】

無門曰: 扶過斷橋水, 伴歸無月村. 若喚作拄杖, 入地獄如箭!

頌曰: 諸方深與淺, 都在掌握中,
　　　撑天幷拄地, 隨處振宗風.

무문 선사 가로되, 주장자에 의지해 다리 끊어진 강을 건너고, 주장자와 함께 캄캄한 밤에 마을로 돌아온다. 만약 이

것을 주장자라고 부른다면 쏜살같이 지옥에 들어가리라.

　　게송으로 가로되,
　　제방의 깊고 얕음(의 판별)이
　　모두 내 손에 달려있네.
　　하늘을 떠받치고 땅을 버티며,
　　가는 곳마다 종풍을 드날리네.

군더더기: 참고로 위앙종 위산-앙산-남탑 선사의 계보를 잇고 있는 파초혜청芭蕉慧淸 스님은 신라 출신 스님으로 〈무문관〉 48칙 가운데 한 칙을 당당하게 담당하고 있습니다. 게다가 〈무문관〉 제9칙의 주인공인 흥양청양興陽淸讓(814-？) 선사를 배출하기까지 한 대선장大禪匠이었습니다.

제45칙 그분은 누구신가?[他是阿誰]

【본칙本則】
東山演師祖曰: "釋迦彌勒猶是他奴! 且道: 他是阿誰?"

동산의 오조법연 선사께서 가로되, "석가세존이나 미륵불이 오히려 그분의 노예이니라. 자! 일러 보아라. 그분은 누구신가?"

【제창提唱】
無門曰: 若也見得他分曉, 譬如十字街頭撞見親爺相似, 更不須問別人道是與不是!

頌曰: 他弓莫挽, 他馬莫騎,
　　　他非莫辨, 他事莫知.

무문 선사 가로되, 만약 그분이 누구신지를 분명히 안다면 비유컨대 번잡한 네거리 한가운데일지라도 친아버지를 정면에서 마주친 것과 같아서 다시 남에게 내 아버지가 맞는지 아닌지를 물을 필요조차 없느니라.

게송으로 가로되,
남의 활[弓]을 당기지 말고,
남의 말[馬]을 타지도 말며,
남의 잘못[非]을 말하지 말고,
남의 일[事]도 알려하지 말라.

군더더기: 사실 이 화두는 불자佛者라면 상상도 할 수 없는 불경不敬(?)의 극치인 표현이 핵심을 이루고 있습니다. 그런데 '불경스럽다'라고 하는 표현은 우리가 범부凡夫라느니 성인聖人이라느니 하는 이원적 분별의 노예일 때 성립되는 말입니다. 자! 석가불이나 미륵불을 노예로 부리고 있는 그 분을 온몸으로 체득해 '앞에는 석가도 없고 뒤로는 미륵도 없네[前無釋迦後無彌勒]'라고 당당히 외쳐 보십시요! 덧붙여 간화선의 원류인 오조법연 선사의 이 공안에 담긴 '석가불이나 미륵불이 이 분의 노예'라는 핵심 가르침은 구체적으로 대혜종고大慧宗杲-둔암종연遯庵宗演-서산량西山亮으로 이어진 서산 선사의 어록語錄이나 무문혜개 선사의 〈무문관〉 제37칙 '정전백수'의 평창 등에 들어 있는 '前無釋迦後無彌勒'이란 선어禪語를 통해 대를 이어 전승되며 오늘에 이르고 있습니다.

참고로 위 게송과 밀접한 관계가 있는 구절이 〈명심보감〉의 '입교편立敎篇'에 들어있습니다. '남의 활을 당기기를 좋아하는 것은 일곱 번째의 노예근성이요, 남의 말을 타기를 좋아하는 것은 여덟 번째의 천박함이요.[好挽他弓爲七奴 愛騎他馬爲八賤]' 또한 성심편省心篇에서는 더욱 심각한 노예 짓에 대해 경종警鐘을 울리는 가르침을 담고 있습니다. '자기 집 두레박줄이 짧은 것은 탓하지 않고, 단지 남의 집 우물이 깊다고만 한탄하네.[不恨自家蒲繩短 只恨他家苦井深]'

제46칙 장대 끝에서 앞으로 나아가다 [竿頭進步]

【본칙本則】

石霜和尚云: "百尺竿頭如何進步?"
又古德云: "百尺竿頭坐底人, 雖然得入未爲眞! 百尺竿頭須進步, 十方世界現全身!

    석상초원石霜楚圓(986-1039) 화상께서 가로되, "백 척이나 되는 장대 끝에서 어떻게 걸어 나갈 것인가? 또 옛 어른[古德]께서는 비록 백척이나 되는 장대 끝[높은 깨달음의 경지]에 앉은 사람이라 할지라도 아직은 참경지에 들지 못한 것이네. (그러다) 백 척 장대 끝에서 모름지기 앞으로 나아갈 수 있을 때, (비로소) 시방세계가 참모습을 그대로 다 드러내리라!"라고 말씀하셨다.

【제창提唱】

無門曰: 進得步, 翻得身, 更嫌何處不稱尊? 然雖如是, 且道: 百尺竿頭如何進步? 嗄!

頌曰: 瞎却頂門眼, 錯認定盤星,
　　　拚身能捨命, 一盲引衆盲.

　무문 선사 가로되, (백 척 장대 끝에서) 앞으로 걸어 나가 (중생에서 부처로) 몸을 뒤집어 탈바꿈했다면 (그런 분을) 다시 어디가 존귀하지 않다고 의심하겠는가! 그건 그렇다 할지라도 자, 일러 보아라! 백 척 장대 끝에서 어떻게 앞으로 걸어 나갈 것인가? 사! (다그치며 내는 감탄사).

　게송으로 가로되,
　정문頂門의 눈을 멀게 하여,
　저울의 눈금[定盤星]을 잘못 읽게 하고,
　몸을 던져 목숨을 버리는 짓,
　이는 한 맹인이 뭇 맹인을 이끄는 짓이로다.

군더더기: 여기서 옛 어른[古德]은 남전보원南泉普願(748~834) 선사 문하의 장사경잠長沙景岑(?~868) 선사를 뜻하며, 그 증거로 〈전등록傳燈錄〉에 다음과 같이 그의 게송이 들어 있는데, 혜개 선사께서 마지막 구에서 '是全身'을 '現全身'으로 바꾸어 그 뜻을 더욱 명쾌하게 드러냈다고 판단됩니다.

백척이나 되는 장대 끝에 앉은 사람이라 할지라도
아직은 참경지에 들지 못한 것이네.
(그러다) 백 척 장대 끝에서 모름지기 앞으로 나아갈 수 있을 때,
(비로소) 시방세계가 참모습을 그대로 다 드러내리라!

百尺竿頭坐底人
雖然得入未爲眞
百尺竿頭進一步
十方世界是全身

제47칙 도솔, 삼관을 설치하다[兜率三關]

【본칙本則】

兜率悅和尙設三關問學者:
"撥草參玄, 只圖見性, 卽今上人, 性在甚處?
識得自性, 方脫生死, 眼光落時, 作麼生脫?
脫得生死, 便知去處, 四大分離, 向甚處去?"

도솔종열兜率從悅(1044-1091) 선사께서 도를 배우는 이에게 세 가지 통과해야 할 관문을 설치해 묻기를, (첫째) "번뇌의 풀을 헤치고 깊은 이치를 참구하는 것은 다만 견성見性을 하기 위함이니 지금 그대의 자성自性은 어디에 있는가?", (둘째) "자성을 알았다면 곧 나고 죽음에서 벗어났을 것이니 죽을 때[眼光落時] 어떻게 벗어나겠는가?", (세째) "나고 죽음에서 벗어났다면 가는 곳을 알지니, 사대[물·불·바람·흙]가 각기 흩어지면 어느 곳을 향해 갈 것인가?"

【제창提唱】

無門日: 若能下得此三轉語, 便可以隨處作主, 遇緣卽宗. 其或未然, 麤飡易飽, 細嚼難飢!

頌曰: 一念普觀無量劫, 無量劫事 卽如今,
　　　如今覷破箇一念, 覷破如今 覷底人.

무문 선사 가로되, 만약 능히 이 세 관문에 대해 즉시 삼전어를 제시할 수 있다면, 가는 곳마다 주인공으로 살 것이며, 마주하는 인연因緣마다 곧 종지宗旨에 계합契合하리라! 혹 그렇지 못하다면 거칠게 먹는 음식은 쉽게 배부르기는 하나 (소화 불량에 걸리기 쉬우니), (맛을 음미하며) 잘게 씹어 먹으면 (소화가 잘되어) 굶주림을 면할 수 있음을 알라!

게송으로 가로되,
한 생각에 넓은 안목으로 한량없는 겁을 꿰뚫어 보니,
한량없는 겁의 일이 곧 지금 이 순간의 일임을 알아차리고,
지금 이 한 생각을 꿰뚫어 볼 수 있다면,
지금 꿰뚫어 보고 있는 그 놈을 꿰뚫어 볼 수 있으리라!

군더더기: 여기서 관은 한 단계, 두 단계라는 뜻으로 한 고개를 넘고 또 한 고개를 넘는다는 것을 뜻합니다. 중국 하남성河南省 북서에 있는 관문으로 매우 험한 '함곡관函谷關'이 있었는데, 동쪽의 중원中原으로부터 이 관을 넘어야 서쪽의 관중關中으로 갈 수가 있습니다. 그와 마찬가지로 선에서도 한 고개, 두 고개 등의 험지를 넘지 않고는 깨달음에 도달할 수 없습니다. 그래서 도솔종열 스님도 세 가지 관을 만들어 놓고 수행자들에게 물었던 것입니다.

참고로 황룡혜남 선사 제자 가운데 보봉극문 선사와 동림상총 선사는 각각 삶과 죽음을 깊이 통찰케 하는 삼관三關을 설한 도솔종열(1044-1092) 선사와 나눔 실천적 삶을 죽는 날까지 지속한 소동파(1036-1102) 거사를 길러냈습니다.

종열 선사는 강서성江西省 남부南部 출신으로 소년이었을 때 출가하여 처음에는 대승大乘의 경론經論을 배웠으며, 나중에 선 수행을 마음먹고 제방의 선사를 방문하여 드디어 보봉극문寶峰克文 선사의 법을 이어 받았다고 합니다. 그후 강서성 북부의 도솔사로 옮겨서 교화활동을 시작하게 되었고 이 삼관을 새롭게 제창提唱하며 점검받기를 원하는 내방자來訪者들을 시험했으나 제대로 투과하는 자는 없었다고 합니다. 유명한 송宋의 고관高官이었던 무진無盡 거사가 도솔 선사의 제자가 되어서 선을 참구한 것은 도솔 만년의 일이였다고는 하나 그는 48세(1091년) 때 입적入寂하였습니다.

한편 소동파의 인생은 크게 '참선 이전', '참선할 때', '참선 이후'의 세 시기로 나누어집니다. 선을 접하며 마음의 편안함을 추구하는 시기, 인생의 무상함을 통감하고 본격적으로 선의 길에 접어드는 시기, 그리고 마지막으로 선의 정수라고 할 수 있는 '배고프면 밥 먹고 졸리면 잠을 자는', 이른바 '인연을 따르는' 시기를 펼쳐 보이고 있습니다. 당송팔대가로 칭송받는 그는 문장가로서 뿐만 아니라 중국 최초의 서민을 위한 공공병원인 '안락방安樂坊', 고아 입양제 실시 등 어려운 백성들을 위한 삶을 살았습니다.

제48칙 건봉, 열반 가는 길을 보이다[乾峰一路]

【본칙本則】

乾峰和尚因僧問: "十方薄伽梵, 一路涅槃門, 未審路頭在甚麼處?"

峰拈起拄杖劃一劃云: "在者裏!"

後僧請益雲門, 門拈起扇子云:

"扇子䟦跳上三十三天, 築著帝釋鼻孔.

東海鯉魚打一棒, 雨似盆傾."

월주건봉越州乾峰 선사께 어느 때 한 승려가 묻기를, "시방의 부처님들께서 (오직 이) 한 길을 통해 열반문으로 들어가셨는데, 도대체 그 길이 어디에 있는지 모르겠습니다. (좀 일러 주십시오.)" 건봉 선사께서 주장자를 치켜들어 (허공에) 한 획을 그으시고 가로되, "이 속에 있느니라!"

후에 한 승려가 운문 선사께 이 법문에 대해 가르침을 청하니 운문 선사께서 부채를 치켜드시고는 가로되, "이 부채가 33천으로 갑자기 뛰어 올라 제석천왕의 콧구멍을 찌르네." (한편) "동해 잉어를 한 대 후려치니 물동이를 기울이는 것처럼 비가 억수같이 내리는구나!"

【제창提唱】

無門曰: 一人向深深海底行, 簸土揚塵; 一人於高高山頂立, 白浪滔天.
把定放行, 各出一隻手扶竪宗乘, 大似兩箇馳子相撞著, 世上應無直底人!
正眼觀來, 二大老總未識路頭在!

頌曰: 未擧步時先已到, 未動舌時先說了.
　　　直饒著著在機先, 更須知有向上竅.

무문 선사 가로되, 한 사람은 깊고 깊은 바다 밑바닥에서 흙먼지를 날리고, 한 사람은 높고 높은 산꼭대기에 서서 흰 물결을 일으켜 하늘 가득 넘쳐흐르게 하네. 진리를 깊이 통찰하고 이를 지혜롭게 활용하며, 두 사람이 서로 손을 맞잡고 선종禪宗의 종지宗旨를 붙들어 일으켜 세우니, 마치 두 마리의 낙타가 서로 (마주보고 빠르게 치달려) 부딪치는 것과 같으니, 세상에 참으로 이에 정면에서 맞설 수 있는 사람이 하나도 없네. (그러나) 바른 안목으로 꿰뚫어 보면, 역시 두 노장

님들 모두 아직 (열반문으로 통하는) 그 길을 모르고 있구나!

게송으로 가로되,
발을 내딛기 전에 이미 (목적지에) 이르렀고
혀를 움직이기도 전에 이미 (진리를) 설해 마쳤네.
설사 (마치 바둑을 둘 때) 착착 묘수妙手를 두어 기선을 제압했다고 할지라도,
모름지기 다시 향상의 묘수[向上一路]가 있음을 알라!

군더더기: 원문原文에 '발조趽跳'로 되어 있으나 다른 자료에는 같은 뜻의 '勃跳'로도 표기하고 있습니다. 참고로 현대적인 표현을 써서, '扇子趽跳上三十三天'을 '扇子飛至三十三天'으로 바꾸어 표현한 문헌도 있습니다. 한편 생몰연대가 미상인 월주건봉越州乾峰 선사는 동산양개洞山良价(807-869) 선사의 법사法嗣[전법제자]입니다.

혜개의 발문[慧開後序]

從上佛祖垂示機緣, 據款結案, 初無剩語, 揭翻腦蓋, 露出眼睛.

肯要諸人直下承當, 不從他覓.

若是通方上士, 纔聞擧著, 便知落處.

了無門戶可入, 亦無階級可升. 掉臂度關, 不問關吏.

豈不見玄沙道: "無門, 解脫之門; 無意, 道人之意!"

又白雲道: "明明知道, 只是者箇, 爲甚麼透不過?"

恁麼說話, 也是赤土搽牛嬭.

若透得無門關, 早是鈍置無門; 若透不得無門關, 亦乃辜負自己!

所謂: "涅槃心易曉, 差別智難明, 明得差別智, 家國自安寧!"

時 紹定改元 解制前五日,

楊岐八世孫, 無門比丘慧開 謹識

無門關卷終

앞에서 다룬 불조기연은 법조문[관款]에 근거根據해 판정한 판결문과 같아서 처음부터 (끝까지 조금도) 헛된 말이 없고, (학인들의 안목을 넓히기 위해) 머리 덮개[腦蓋]를 뒤집어 놓고 눈알을 부릅뜨게 하였다. 부디 바라건대 그대들은 (지금 이 자리에서) 바로 깨쳐 다른 것을 쫓아 구하려 하지 말라. 만약 그대들이 시방十方(과 고금의 모든 것)을 꿰뚫은 도인道人이라면 어떤 말이든 듣자마자 곧 (〈무문관〉 48칙의) 낙처落處를 알리라. 그러면 (더 이상) 투과할 관문도 없고 올라갈 단계도 없어, 활개 치며 관문[無門關]을 지날 때 문지기[老師]에게 물을 필요도 없으리라.

어찌 알지 못하는가! 현사 스님은 '무문無門이 해탈의 문이요, 무의無意가 도인道人의 의意'라고 말씀하셨으며, 또한 백운 스님은 '분명히 도를 안다면 어찌 이 관문을 투과치 못하리오!'라고 말씀하셨다. (그러니) 이와 같은 이야기는 마치 적토赤土에 소젖을 덧칠해 더욱 얼룩지게 하는 것과 같아서 (모두) 쓸데없는 짓이다. 만약 〈무문관〉 48칙을 (막힘없이) 투과한다면 일찍이 (불필요한 〈무문관〉을 제창하느라 헛수고한, 나) 무문을 바보로 만든 것이 되나, 만약 투과치 못한다면 역시 이는 그대들 자신의 허물인 것이다. 소위,

(설익은) 열반심은 얻기 쉬우나 (잘 익은) 차별지는 체득하기 어렵네.

(만약) 차별지를 자유자재로 발휘할 수 있다면 가정과 국가는 저절로 태평해지리라!

때는 소정개원(1228년) 하안거 해제 5일전(음력 7월 10일) 무문 비구 혜개 삼가 쓰다.

〈무문관〉 저술을 마침.

군더더기: 혜개 선사께서는 〈무문관〉의 마지막 발문跋文[후서後序]에서, 화두타파를 통해 열반심을 통찰하는 것은 쉬우나 한 걸음 더 나아가 '간화선을 넘어' 백성을 편안하게 하는 차별지를 자유자재로 활용하는 것은 매우 어렵다는 것을 마지막으로 일깨우며 〈무문관〉을 회향回向하고 있습니다!

혜개의 선잠[慧開禪箴]

循規守矩, 無繩自縛.
縱橫無礙, 外道魔軍.
存心澄寂, 默照邪禪.
恣意忘緣, 墮落深坑.
惺惺不昧, 帶鎖擔枷;
思善思惡, 地獄天堂.
佛見法見, 二鐵圍山.
念起卽覺, 弄精魂漢;
兀然習定, 鬼家活計.
進則迷理, 退則乖宗,
不進不退, 有氣死人.

且道: 如何履踐? 努力今生須了却, 莫敎永劫受餘殃!

(맹목적으로) 규칙을 준수하고 법규를 지키는 것은 밧줄 없이 스스로 자신을 결박하는 것이고, 어디에서나 걸림 없이 행동하는 (척하는) 것은 외도와 마군들이 하는 짓거리이다.

(그저) 마음을 고요히 함은 묵조사선이며 제멋대로 인연을 끊으면 깊은 구덩이 속으로 떨어지게 된다. (우쭐거리며) 성성하여 조금도 의혹이 없다함은 쇠고랑을 차고 목칼을 쓴 것과 같으며, (이원적 분별을 일으켜) 선善을 생각하고 악惡을 생각하는 것은 지옥과 천당 사이를 헤매는 것이고, 부처라느니 진리라느니 하는 견해를 일으키면 두 철위산 사이에 갇히는 것이다. (철저한 수행도 없이) 한생각에 즉시 깨친다고 하는 자는 정신과 혼이 혼미한 얼빠진 놈이며 부동의 자세로 (세월을 헛되이 보내며) 선정禪定에 머무르는 자는 귀신들의 짓거리이다. 앞으로 나아가면 진리에 미혹되고 뒤로 물러나면 종지에 어긋나며, 나아가지도 물러서지도 않는 자는 숨은 붙어 있으나 죽은 자나 마찬가지이다.

 자! 말해 보아라. 어떻게 실참실오實參實悟할 것인가? 힘써 금생에 반드시 공부를 마쳐 영겁토록 그 화가 (자손만대까지) 미치지 않도록 하라!

군더더기: '잠箴'이란 자를 뜯어서 살펴보면, 대나무 '죽竹'은 의미요소이고 '함咸'은 (음이 약간 달라졌지만) 발음요소로, 옷을 꿰맬 때 쓰는 대바늘을 가리키는 글자이나 후에 바늘, 침鍼 충고, 경계의 뜻으로 확대 사용됐습니다. 즉, 바늘은

헤진 옷을 기울 때, 침은 병난 몸을 치료할 때 쓰였는데 방황하는 마음을 일깨우는데 쓰이게 되면서 잠언(箴言, 경계하는 말)이란 어휘가 만들어졌다고 봅니다.

무량종수, 황룡삼관에 게를 붙이다[黃龍三關偈]

【제1관 게송】
我手何似佛手? 摸得枕頭背後,
不覺大笑呵呵, 元來通身是手.

내 손이 부처님 손과 닮은 것은 왜일까?
(무심코) 등 뒤에 베개를 손으로 더듬다가,
엉겁결에 (깨닫고) 가가대소呵呵大笑하노니,
원래 온 몸 이것이 바로 손이로구나!

군더더기: 선의 근본은 철저하게 자기를 내던져 버리는 것입니다. 그리고 이렇게 될 때 온 우주에 있는 어떤 것도 자기가 아닌 것이 있겠습니까? 우리가 사물을 볼 때 우리 자신은 '온몸이 통째로 눈[通身是眼]'인 것이며 따라서 더 이상 보는 것이 아닙니다. 또 들을 때 자신은 '온몸이 통째로 귀[通身是耳]'인 것이며 따라서 더 이상 듣는 것이 아닙니다. 자! 무문 스님의 친절한 가르침을 바탕으로 첫 관문을 투과해보십시오!

【제2관 게송】

我脚何似驢脚? 未擧步時踏著,
一任四海橫行, 倒跨楊岐三脚.

내 다리가 노새의 다리와 닮은 것은 왜일까?
아직 한 발자국도 내디디지 않았는데 이미 (목적지에) 도착해 있네.
마음먹은 대로 사해四海를 자유롭게 횡행橫行하고,
거꾸로 양기楊岐의 세 다리(로 절뚝거리며 걷는 노새의 등위)에 걸터타네.

군더더기: 마음의 눈이 열린 사람은 존귀한 '부처님 손'이나 하찮은 '노새의 다리'와 같은 언구에 결코 걸리지 않을 것이며 황룡 스님이 '다리[脚]'를 언급하는 순간, 단박에 황룡 스님의 배짱을 꿰뚫어 볼 수 있을 것입니다. 사실 온 우주는 바로 다리인 것입니다. 그러나 이것은 어디까지나 말로 설명한 것이지 통찰 체득의 나툼은 아닙니다. 자! 다리가 우주 자체인 경계를 어떻게 나툴 것인지 잘 따져 보십시오!

【제3관 게송】

人人有箇生緣, 各各透徹機先,
那吒折骨還父, 五祖豈藉爺緣?

사람에게는 제각기 태어나는 인연因緣이 있어
각각 그 절대 요인要因에 철저히 눈을 뜨네.
나타태자那吒太子는 뼈를 잘라서 아버지에게 돌려주었으며,
오조홍인五祖弘忍 선사! 어찌 아버지의 인연에 의지할 것인가?

군더더기: 참고로 종수 스님이 덧붙인 둘째 구는 '오등회원五燈會元' 제 2권에 있는 이야기로 나타 왕자가 살을 베어 어머니에게 주었고 뼈를 부러뜨려 아버지에게 주었다는 내용을 담고 있는데 나타 왕자는 그렇게 함으로써 그의 참된 몸을 나투었고 그의 초자연적인 힘을 사용하여 그의 부모를 위해 법을 설했던 것입니다. 부모에 의해 받은 자기의 물리적인 몸은 태어나 사라지는 일시적인 꼴을 지닌 것이라는 뜻입니다. 따라서 각자 스스로 이 일시적이고 물리적인 몸이라는 것을 꿰뚫어 볼 때 비로소 여러분은 영원하고 참된 몸을 체득하게 되는 것입니다. 즉, 여러분이 태어나기 전의 본래면목本來面目을 체득하게 되는 것입니다. 이것이 바로 나타 왕자에 관한 이야기가 나타내고자 한 것입니다. 또 셋째 구는 오조홍인 선사에 관한 전설적인 이야기와 관계가 있습니다. 전생前生에 홍인 스님은 파두산破頭山에 살았던 재송도자栽松道者로 불리었던 도가道家의 은자隱者였

습니다. 전생의 어느 날 그는 산 속에서 사조도신四祖道信 선사를 만나 스님 밑에서 선禪 수행을 하고 싶다고 말했습니다. 그러자 도신 스님은 그대는 지금 선 수행을 하기에 너무 늙었으니 다시 태어나 선 수행을 하라고 권했습니다. 그래서 재송도자는 주周씨 성을 가진 처녀의 배를 빌어 아버지 없이 다시 태어났습니다. 그 후 성장해 다시 도신 스님을 만나 마침내 그의 법法을 이어 받았다는 유래가 있습니다. 그런데 종수 스님은 이 마지막 구절에서 아버지와 무관한 본래의 자기, 즉 참나를 나투게 하여 생연, 즉 본래면목本來面目의 깊은 뜻을 체득하도록 한 것입니다.

【무량종수 자작自作의 추가 일게一偈】

佛手驢脚生緣,　非佛非道非禪,
莫怪無門關險,　結盡衲子深冤.

부처님 손, 노새의 다리, 태어나는 인연!
(이는) 불佛도 아니고 도道도 아니고 선禪도 아니다.
무문관이 험한 것을 이상히 여기지 말라!
수행자들이 (화두 의심에) 사무쳐 격렬한 용맹심을 일으키기를 간절히 바라노라!

瑞巖近日有無門, 掇向繩床判古今.
凡聖路頭俱截斷, 幾多蟠蟄起雷音.

請無門首座立僧, 山偈奉謝.
紹定庚寅季春, 無量宗壽書.

요즘 서암사瑞巖寺에 무문無門 노사老師께서 주석하시면서
법석法席에 앉아 고금古今의 공안公案을 (통렬하게) 제창하셨네.
(노사께서) 성범聖凡의 길을 모두 끊어버리시니,

(그 노고로 인해) 칩거하고 있던 셀 수 없는 대장부들이 (고무되어 언젠가는 반드시) 사자후를 토해낼 것이리라!

무문 노사께서 초대에 응해 조실祖室로 수고해 주신 것에 대해, 이 서투른 게로써 깊은 감사를 드리노라.

1230년[紹定庚寅] 봄날 무량종수 쓰다.

군더더기: 무량종수 선사는 초청招請에 응하여 48칙의 공안을 제창提唱한 무문 선사께 사의謝意를 표하기 위해 황룡혜남黃龍慧南 선사가 항상 스님들에게 묻고 있었던 삼관어三關語를 사용하여 세 수首의 게를 만들고, 그 위에 자작自作의 일 게一偈를 덧붙여 수행자들로 하여금 〈무문관〉을 투과할 것을 다그치고 있습니다.

맹공의 발문[孟珙跋文]

達磨西來, 不執文字, 直指人心, 見性成佛.
說箇直指, 已是迂曲, 更言成佛, 郞當不少.
旣是無門, 因甚有關? 老婆心切, 惡聲流布.

無庵欲贅一語, 又成四十九則, 其間些子譎訛, 剔起眉毛薦取.

淳祐乙巳夏重刊.

檢校少保寧武軍節度使, 京湖安撫制置大使 兼 屯田大使 兼 夔路策應大使 兼 知江陵府漢東郡開國公 食邑二千一百戶 食實封陸佰戶　孟珙跋

 달마 선사가 서쪽으로부터 와서 문자에 집착하지 않고 '직지인심直指人心 견성성불見性成佛'을 가르쳤으나, '직지直指'라고 설하면 이미 왜곡된 가르침이며, 다시 또 '성불成佛'이라고 말한다면 이는 망발妄發인 것이다. 처음부터 이미 무문인데 어디에 다시 투과할 관문이 있을 수 있겠는가? 그는 노파 친절이 지나쳐 그릇된 가르침을 널리 퍼트렸다. 나, 거사 무암(맹공) 역시 (억지로 발문을 써서) 불필요하게 제49칙을 덧붙인 격이 되었으니 부디 눈을 크게 뜨고 주의 깊게 살펴 (48칙과 비교해 이 덧붙인 49칙에) 그릇된 바(가 없는지)를 바로 꿰뚫어보아라.

1245년[淳祐乙巳] 여름
중간重刊하다

검교소보녕무군절도사, 경호안무제치대사 겸 둔전대사 겸 기로책응대사 겸 지강릉부한동군개국공 식읍이천일백호 식실봉륙백호 맹공 발문을 쓰다

군더더기: 이 발문 역시 반어적 표현법을 십분 활용해 무문 선사를 극찬한 글인 동시에 부정적 표현 이면에 감춰져 있는 바른 견해를 통찰하라는 외침입니다.
참고로 스스로 무암無庵 거사라고 칭한 맹공은 대부분의 생애를 전쟁터에서 보낸 장군이었는데, 그는 불교에 깊은 관심을 가졌으며 남송 시대였던 1246년 입적했습니다.

안만의 발문[安晚跋文]

無門老禪作四十八則語, 判斷古德公案, 大似賣油餠人, 令買家開口接了, 更呑吐不得. 然雖如是, 安晚欲就渠熱爐熬上再打一枚, 足成大衍之數, 却仍前送似.

未知老師從何處下牙 如一口喫得, 放光動地; 若猶未也, 連見在四十八箇都成熱沙去. 速道! 速道!

무문 노사께서 48칙을 엮어 옛 선사들의 공안을 비판하셨는데, 이는 마치 호떡 파는 사람이 사는 사람의 입을 벌려 뜨거운 호떡을 쑤셔 넣고 이를 삼키지도 내뱉지도 못하게 하는 것과 같다고 할 수 있다. 그건 그렇다 치고, 나, 안만은 그의 뜨거운 가마솥 속에 또 다른 호떡 한 개를 넣고, 익힌 뒤 이를 〈무문관〉 48번째 뒤에 나열하여 '대연지수'(즉, 맹공의 발문과 이 안만의 발문을 합해 '50'이라는 수)를 완성하였다.

 (그렇지만) 나는 무문無門 노사老師께서 이빨로 어느 것을 (먼저) 깨무실 것인지 모른다. 만일 수행자가 이를 한 입에 삼킬 수 있다면 그로부터 광명이 발하고, 땅이 진동할 것이다.

그러나 그러지 못한다면 여기에 늘어놓은 48개는 (헛되이) 모두 불태워질 것이다. 속히 일러 보아라! 속히 일러 보아라!

제사십구칙어[第四十九則語]

經云:'止止不須說, 我法妙難思.'
安晚曰:"法從何來 妙從何有 說時又作麼生 豈但豐干饒舌,
元是釋迦多口. 這老子造作妖怪, 令千百代兒孫被葛藤纏倒,
未得頭出. 似這般奇特話靶, 匙挑不上, 甑蒸不熟. 有多少錯
認底, 傍人問云:"畢竟作如何結斷?"
安晚合十指爪曰:"止止不須說, 我法妙難思"却急去'難思'
兩字上打箇小圓相子指示衆人:"大藏五千卷, 維摩不二門,
總在裏許"

頌曰: 語火是燈,　掉頭弗應.
　　　惟賊識賊,　一問卽承.

淳祐丙午季夏初吉, 安晚居士書于西湖漁莊.

경전에서 가로되, "말하지 마라! 설하지 마라! 이 진리는 묘해서 지해분별知解分別 밖에 있다." 나, 안만이 가로되, "진리는 어디로부터 오는가? 이것은 얼마나 묘한 것인가? 이것을 어떻게 설할 것인가?"

비록 풍간豊干이 수다장이라고는 하나 원래 석가가 그 원조이며, 이 석가 늙은이가 요괴妖怪를 지어내어 그 영향이 천백대의 자손들에게까지 갈등전도葛藤顚倒케 하여 이들로 하여금 아직 해탈하지 못하게 하였다. 지금까지 말한 특별한 가르침처럼 그대들은 이것들을 숟가락으로 떠올릴 수 없다. 그대들은 이것들을 가마솥에서 찌더라도 결코 이것들을 제대로 요리할 수 없다. 만일 잘못 이해한 문외한들이 있어, "필경 무엇이 결론이냐?"라고 묻는다면, 나, 안만은 열손가락을 모아 합장하고 "말하지 말라! 설하지 말라! 이 진리는 묘하며 지해분별로는 체득할 수 없다.[止止不須說 我法妙難思]"라고 말할 것이다. 그리고 즉시 이 글귀 가운데 '난사難思' 두 글자위에 작은 동그라미를 그리고 이를 대중에게 보이며, 외칠 것이다. "팔만대장경과 유마의 불이문不二門의 핵심 가르침이 이 원상圓相 속에 모두 들어있다고!"

게송으로 가로되,
만약 불[火]이 등燈이라고 말한다면
머리를 흔들며 응대하지 마라.
오직 도적만이 도적을 식별할 수 있듯이

(그대가 눈뜬 자라면) 어떤 물음에도 즉시 계합하리라.

1246년[淳祐丙午] 음력 6월 1일
서호별장西湖別莊에서 안만 거사 쓰다.

군더더기: 거사호가 안만安晚인 정청지鄭淸之(?-1251)는 과거 시험에 급제하였으며, 문학적인 재능이 뛰어난 영향력 있는 정치인이었습니다. 남송 영종寧宗 황제 시절 승상이었던 사미원史彌遠은 훗날 이종理宗 황제가 되는 조여거趙與莒의 스승으로 정청지를 천거했습니다. 그는 황제의 스승으로서 1246년 당시 최고의 선사였던 무문혜개 선사가 편찬한 〈무문관〉의 3번째 중판을 통해 날로 쇠락해가는 남송의 국운을 다시 일으켜 세우고자 한 것 같습니다. 그런데 조여거는 황제가 되고 얼마 안 되어 청루의 기생들까지 궁으로 들여 밤새도록 술을 마셨다는 기록으로 알 수 있듯이 매우 무능한 황제였기 때문에, 〈무문관〉이 아니라 팔만대장경을 찍어낸다고 해도 국운이 쇠약해져 가는 것을 막기는 역부족이었을 것입니다.

한편 풍간 선사는 천태산 국청사에 주석하셨는데 어느 때인가 한산과 습득이 음식을 구걸하며 국청사의 부엌으로 가는 것을 보고는 풍간 선사가 그들에게 "당신들은 문수보살과 보현보살의 화신입니다."라고 말하며 경의를 표하자 이들은 풍간에게 "풍간! 이 수다쟁이!"라고 놀렸다고 합니다.

참고로 여기에서 언급한 '老師'란 호칭은 원래 중국 선종禪宗에서 스승을 일컫는 용어였는데, 지금은 무도武道의 스승을 호칭할 때도 쓰이는 등 여러 분야로 확산되어 쓰이고 있습니다.

출판기록[出版記錄]

舊板磨滅故. 重命工鋟梓畢.
這板置于武藏州兜率山廣園禪寺也.
應永乙酉十月十三日　幹緣比丘　常牧.

옛판은 마멸되었기에 새로 판각하고 이를 일본 무장주 도솔산 광원선사에 보관하다.

1405년[應永乙酉] 10월 13일
간연비구幹緣比丘　상목常牧 (기록하다).

나가는 글

 선禪은 당唐(618~906) 시대에 가장 창조적인 활력으로 넘쳤었지만 그 후 문화적·예술적인 면으로 발전되면서 북송 시대에는 차츰 회고적懷古的 풍조를 띠게 되었습니다. 그러다 매우 어지러웠던 남송 말기에 이르러 공안에 의한 선 수행, 즉 간화선看話禪 수행체계가 확립되었으며, 무문혜개 선사의 〈무문관無門關〉 저술을 통해 간화선看話禪 수행체계가 완성되었다고 할 수 있습니다.

 표문表文에 나오는 '소정紹定'이나 안만 거사가 쓴 발문跋文에 나오는 '순우淳祐'은 남송 역사상 가장 무능했던 이종황제의 연호입니다. 특히 발문을 쓴 안만 정청지 거사는 이종 황제의 스승으로 기울어져 가는 국운을 다시 일으켜 세우기 위한 염원을 담아 〈무문관〉을 중간重刊한 것으로 여겨집니다. 따라서 이 〈무문관〉은 난세亂世의 요청에 부응하며 나타나 역사적 사명을 다한 소중한 선서禪書라고 할 수 있습니다.

 특히 무문혜개 선사의 자서에 보면 무문 선사께서 수행에 요긴한 공안들을 온몸으로 제창提唱하며, 제자들의 근기에 따라 알맞다고 생각되는 몇 개의 화두들을 부과해 수행시켜 오다가 그것들이 어느덧 48개나 쌓이게 되자 1228년 남송 이종황제의 즉위를 기념하여 이들을 한데 모아 선 수행의 지침서로써 〈무문관〉을 엮게 된 것임을 알 수 있습니다. 따라서 선 수행자들이 여기에 담긴 48칙의 화두들을 철저히 투과하기만 한다면 무문 선사의 뱃속을 훤히 들여다보게 될 것이며 더 나아가 일시에 1,701가지의 공안을 하나로 꿰뚫을 수 있는 막힘이 없는 안목眼目을 갖추게 되어 석가세존이나 역대 조사들과 손을 맞잡고 함께 더불어 생사에서 자유로운 멋진 삶을 살아가게 될 것입니다. 참고로 혜개 선사께서는 방대한 역대 조사들의 어록들을 두루 섭렵한 다음 그 가운데에서 요긴한 선어禪語들을 골라 뽑아 이를 〈무문관〉의 적재적소에 배치하며 제창하고 계신데 음미하면 할수록 탄성을 저절로 자아내게 하고 있습니다.

그런데 우리나라에서는 〈무문관〉에 관해 거의 그 존재 가치를 몰랐었는데, 근세에 이르러 선도회 초대 지도법사이셨던 종달宗達 이희익 노사老師께서, 월간 〈법시法施〉 제9호(1968년 6월)에서 〈무문관〉 제1칙을 제창하시기 시작해 20여 칙을 매월 제창하시다가 이를 바탕으로 1974년에 매우 친절하게 풀어쓴, 〈무문관〉 48칙을 단행본으로 출판하셨는데, 출판 직후 종정을 지내셨던 고故 고암古庵 노사께서 이 책을 접하시고는 종달 노사께 너무 노골화시켜 놓았다며 극찬한 책이기도 합니다. 그 후 관응 노사께서 1989년 김용사에서 〈무문관〉을 극찬하시며 명쾌하게 제창하셨는데, 녹음테이프로 제작된 유포본을 필자도 전부 들은 적이 있습니다.

한편 필자의 경우 1975년 10월 종달 노사께 입문한 이래 15년간 〈무문관〉 점검을 받았으며, 1990년 6월 노사께서 입적한 이후 지금까지 법사직을 수행하면서 이 〈무문관〉을 36년 간 꾸준히 곁에 두고 늘 무문 선사의 가르침을 언제나 새롭게 접해 오고 있으며, 이런 필자의 태도가 비록 내세울 것은 없으나 나름대로 치열하게 함께 더불어 살아가려고 애쓰는 '오늘의 나'가 있게 되었습니다. 따라서 이 〈무문관〉은 열심히 살아가려고 애쓰는 모든 분들이 보다 지속적으로 통찰과 나눔이 둘이 아닌 각자 자기만의 독특한 삶을 철저히 살아갈 수 있게 해주리라 확신합니다.

그런데 비록 종달 노사께서 이 〈무문관〉을 해방 이후 처음 한국에 소개하시느라 눈높이에 맞추어 친절하게 풀어 쓰셨으며 그 이후 오늘에 이르기까지 관련 서적들이 연이어 출판되고 있지만, 사실 공안公案 48칙 본칙本則과 무문혜개 선사의 제창提唱인, '무문왈無門曰'로 시작하는 평창評唱과 '송왈頌曰'로 시작하는 게송偈頌만으로 충분합니다. 아니 솔직히 말하면

혜개 선사의 평창조차 이미 군더더기가 붙어 있기 때문에, 이 제창에 대해 또 풀이를 하는 것은 그야말로 군더더기를 덧붙이는 짓입니다. 그래서 필자는 오늘날 추세에 따라 다만 원문을 파악하기 쉽게 문장부호를 첨가했으며, 또한 이를 한글로 번역하는 과정에서 원문의 구절과 구절을 보다 자연스럽게 연결시키는 언구들을 '( )'로 끼워 넣어 그 뜻을 좀 더 분명히 하는데 초점을 맞추었습니다. 한편 '군더더기'란에서 독자 여러분들께 〈무문관〉 화두 참구에 도움이 될 만한 요긴한 내용들을 추가로 덧붙였습니다.

아울러 21세기 다문화 다종교 사회를 맞이하고 있는 청소년들을 포함해 모든 일반인들에게 좀 더 친근감을 갖게 하기 위해, 특정 종교와 종파와 상관없는 〈명심보감明心寶鑑〉에 들어있는 마음을 밝히는 유사한 구절들을 골라 뽑아 군더더기에 덧붙였습니다. 그런데 이 〈명심보감〉에는 주로 남송 시대를 살았던 사대부들의 언행言行들이 담겨 있어, 독자 여러분들이 자연스럽게 이들이 적지 않게 선불교에 영향을 받았음을 느낄 수 있으리라고 봅니다.

끝으로 필자가 저본底本으로 쓴 〈무문관〉은 항주 호국사에 주석하시던, 임제종 양기파 법맥을 이어받은 무문혜개 선사로부터 1253년 9월 인가를 받고 1254년 3월 일본으로 귀국

한 일본인 유학승 무본각심無本覺心 선사가 귀국길에 함께 가져간 〈무문관〉으로, 여러 차례 판각되어 일본 전역으로 유포되었는데, 그 가운데 1405년 판각되고, 일본日本 무장주武藏州 도솔산兜率山 광원선사廣園禪寺에 보관되어 왔던 판본입니다.

이 글을 읽는 모든 분들이 〈무문관〉을 온몸으로 돌파해, '앞에는 석가 없고 뒤에는 미륵 없이[前無釋迦 後無彌勒]' 모든 것으로부터 진정으로 함께 자유로워지시기를 간절히 염원念願 드립니다.

무난헌無難軒에서 거사居士 통보법경洞布法境 합장

무문관 온몸으로 투과하기

초판 1쇄 인쇄 2011년 12월 12일
초판 1쇄 발행 2011년 12월 15일

지은이 무문혜개
엮은이 박영재
디자인 민규연

펴낸곳 도서출판 본북
펴낸이 마혜숙
주소 서울시 종로구 관훈동 177 대형빌딩 303호
전화 02-732-8788 | **팩스** 02-732-8786
이메일 bonbook711@gmail.com
출판등록 2008년 12월 1일 제 300-2008-119호

ⓒ 2011 by 박영재
ISBN 978-89-962082-5-9 03220

책값은 뒤표지에 있습니다.
잘못 만들어진 책은 구입하신 서점에서 교환해 드립니다.

저작권법에 의해 보호를 받는 저작물이므로 본사의 허락없이 무단 전재, 복제, 전자출판을 금합니다.